TRADING FOREX

La série complète

Partie 1 : Deux stratégies à chiffres ronds

Partie 2 : Deux stratégies avec des pivots hebdomadaires

Partie 3 : Trader avec les sommets et creux hebdomadaires

Partie 4 : Tradez plusieurs stratégies simultanément

Heikin Ashi Trader

Splendid Island

Ormidia, Larnaca

Published in Ormidia, Larnaca, Cyprus
Ebook ISBN: 978-9925-7662-3-9
Paperback ISBN: 978-9925-7662-4-6

Publié par Splendid Island Ltd
Scanbox 05927
Ehrenbergstrasse 16a
10245 Berlin – Deutschland

Première édition, Avril 2020

Table des matières

PARTIE 1 :
DEUX STRATÉGIES À CHIFFRES RONDS

Introduction

Tous ceux qui peuvent trader les contrats à terme, tels que l'E-mini ou le NQ auront du succès sur les marchés Forex, cela a toujours été ma pensée. Après tout, le comportement humain reste le même peu importe les situations et sur tous les marchés financiers. Tout ce que vous avez à faire c'est l'étudier afin de pouvoir développer des stratégies de trading universellement applicables.

Si cette affirmation est correcte en son principe, il est également vrai que chaque marché a ses propres caractéristiques. Les traders qui font du trading sur le même marché depuis des années en sont conscients. Les mêmes schémas se répètent à maintes reprises. Leur marché prépare les tendances d'une manière spécifique. Le trader expérimenté sait (ou à l'intuition) quand entrer ou quand rester à l'écart.

Si cette idée s'applique également dans une certaine mesure aux marchés Forex, alors nous pouvons affirmer qu'il y a sans aucun doute des particularités qui ne s'appliquent qu'aux marchés Forex. Les marchés Forex ne sont pas vraiment des marchés, car il n'y a aucun lieu ou instance centrale où les acheteurs et les vendeurs se rencontrent. Contrairement aux marchés boursiers et aux matières premières, il n'existe aucune entité centrale où les paires de devises sont tradées.

Le marché des changes «fonctionne» grâce à un réseau de banques commerciales qui communiquent entre elles et avec leurs principaux clients. Cela se faisait auparavant et se fait toujours à l'heure actuelle par téléphone, bien que l'Internet et l'infrastructure actuelle ont largement remplacé ce type de communication.

Toutefois, cette structure décentralisée permet à un nombre illimité d'acteurs du marché de participer aux transactions. Il y a assez de traders qui sont à tous moments prêts à acheter ou vendre telle paire à tel ou tel prix. En conséquence, les opérations Forex sont une activité de trading très efficace. En d'autres termes, il existe peu ou pas d'inefficacités qu'un trader pourrait exploiter, comme c'est le cas sur les marchés boursiers beaucoup moins efficaces. Ceux qui aiment exploiter les inefficiences sont mieux lotis sur ces marchés que sur le Forex. Le carnet de commandes (si vous pouviez même parler d'une telle chose sur le Forex) est incroyablement profond. Aucun marché n'est plus liquide que le Forex.

Il est de notoriété publique que la transaction s'élève à plus de 4 billions de dollars US sur les marchés internationaux des changes chaque jour de bourse. Ce nombre varie, mais il est constant depuis des années. Bien entendu, la plupart de ces transactions ont lieu dans les «majors», les paires principales. Les plus connues sont EURUSD, USDCHF, GBPUSD et USDJPY.

Ainsi, si ces marchés sont très liquides et que des millions de traders les tradent dans le monde entier, cela explique aussi le fait que les fluctuations y sont limitées. Vous trouverez rarement un jour où, par exemple, l'EURUSD a augmenté ou baissé de plus de 1%. En règle générale, la plage de fluctuation est beaucoup plus faible. Bien entendu, cela a des conséquences sur la nature de ces marchés. Le comportement des tendances, comme celui des matières premières ou des actions, est plus l'exception que la règle. Les marchés des devises évoluent principalement de manière latérale la plupart des jours de bourse.

Ainsi, si vous tradez des stratégies basées sur le comportement de tendance (comme les stratégies de suivi de tendance), vous n'obtiendrez pas de très bons résultats sur ces marchés. Ce serait bien mieux si un trader de tendances tradait quelques actions du Nasdaq, comme Apple, Amazon ou Facebook.

Ainsi, outre la structure décentralisée des marchés des changes, nous trouvons leur deuxième caractéristique importante : les <u>marchés des devises ont tendance à avoir un comportement tendanciel dans des cas exceptionnels.</u> En d'autres termes, les paires de devises sont la plupart latérales les jours de bourse. Si vous avez tendance à ne pas le croire, consultez ce graphique EURUSD (Image 1). Personne ne peut nier le fait que la paire affiche une nette tendance à la baisse au cours de cette période. En d'autres termes, vous voyez un mouvement descendant clairement visible dans le graphique.

Image 1 : EURUSD, graphique journalier, juin - décembre 2014

Cela ne contredit-il pas ce que je viens de dire au sujet des marchés des changes ? En aucun cas, car si vous y regardez de plus près, vous constaterez que, bien que le marché ait été «généralement» en mode de tendance baissier, il a tout de même une tendance latéralela plupart des jours de bourse (blocs jaunes dans le graphique). Le mouvement descendant se produit, comme par à-coups, et généralement de manière inattendue. La question que je me pose est la suivante : serez-vous dans la bonne position lorsque la prochaine poussée descendante se produira ?

Je pense que la réponse est probablement claire. La plupart des acteurs du marché n'ont pas de position ou même la mauvaise position au moment où cela se produit.

En d'autres termes, il est très difficile de réussir avec des stratégies de suivi de tendance sur les marchés des changes. Soit, vous avez besoin de beaucoup de patience (dans certaines phases de la tendance baissière montrée ci-dessus, l'EURUSD est resté latent pendant trente jours !), soit, vous êtes un investisseur qui ne regarde pas les graphiques quotidiens.

Cependant, si vous êtes un trader et que vous voulez gagner de l'argent par le Forex trading, vous aurez du mal à réussir si vous misez sur les tendances.

Et ce n'est pas tout. En raison de la situation historique unique, nous connaissons depuis des années un environnement de taux d'intérêt où l'on pourrait presque parler d'abolition des intérêts. C'est particulièrement le cas dans la zone de l'euro (à compter de juillet 2019), où la BCE a artificiellement fixé les taux d'intérêt à 0 pendant des années. Selon vous, qu'est-ce que cela signifie pour le négoce des devises, qui est connu pour être déterminé par le taux d'intérêt du pays concerné (ou de la zone monétaire comme dans la zone de l'euro) ? Cela signifie bien évidemment que la volatilité est presque inexistante. Regardez ce tableau de la volatilité historique de l'EURUSD et vous comprendrez ce que je dis.

Image 2 : Volatilité journalière EUR/USD

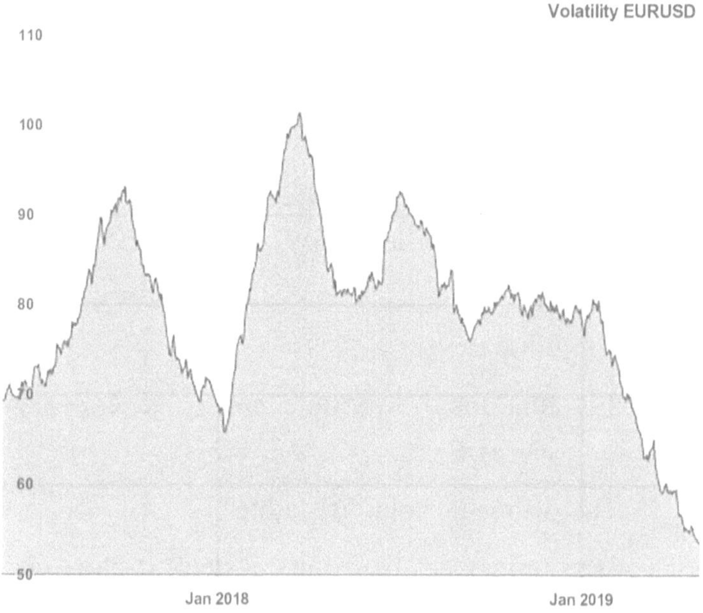

Ainsi, si début de 2018, il y avait encore une bonne fluctuation quotidienne de 100 pips dans l'EUR / USD, ce dernier n'était que 52 pips un an plus tard. Cela signifie que, en tant que trader, vous pouvez vous attendre à une fluctuation quotidienne maximale de 52 pips dans cette paire de devises. Note : fluctuation maximale. Nous mesurons donc le cours de la journée, du haut au bas, et aucun trader au monde n'est connu pour être en mesure de trader le haut et le bas de la journée et de réaliser un profit. S'il y a un profit, il est évident que celui-ci serait inférieur à 52 pips.

Cela signifie que la plus grande paire de devises du monde évolue de moins de 0,5% par jour de trading.

Vous devriez donc vous demander s'il vaut la peine de trader sur un tel marché s'il n'y a pratiquement aucun mouvement.

Résumons. Le marché des changes est actuellement (à compter de juillet 2019) caractérisé par 3 particularités :

1. Liquidité élevée
2. Fluctuations quotidiennes généralement inférieures à 1 %.
3. Historique de volatilité faible.

Si vous examinez ces trois faits, il devient alors clair pour le lecteur que tout trader qui aborde ce marché avec des techniques de trading traditionnelles est susceptible d'éprouver des difficultés à réussir.

Il s'ensuit que le trading Forex fonctionne mieux avec de telles stratégies qui prennent en compte ces particularités susmentionnées. Il peut y avoir des exceptions à cette règle (la crise financière de 2008 et la crise de l'euro de 2012 sont l'exemple de telles exceptions). Toutefois, les spécificités ci-dessus s'appliquent 80 % du temps. Un trader Forex est donc bon pour les prendre au sérieux et les prendre en considération lors du choix de la stratégie ou des stratégies à appliquer.

C'est pourquoi j'ai eu l'idée d'introduire des stratégies éprouvées qui reflètent exactement ces particularités. Ces stratégies sont faciles à comprendre et à mettre en œuvre. Il existe une condition préalable - certains phénomènes et schémas se répètent sans cesse sur le Forex et les traders essaient d'en tirer profit.

Stratégie 1 :
La stratégie des chiffres ronds

Ceux qui étudient les graphiques des paires de devises constateront que le marché utilise souvent ce que l'on appelle le «nombre arrondi» et recommence temporairement dans l'autre sens. Par «nombre arrondi», j'entends par exemple 1,1200 en EURUSD ou 0,9800 en USDCHF ou 1,3200 USDCAD.

Bien sûr, je ne prétends pas que le marché tourne toujours une fois ce chiffre rond atteint, c'est-à-dire dès que, par exemple, l'EURUSD a atteint 1,1200 ou 1,1100. Néanmoins, j'ai observé qu'il y a plus d'ordres d'achat ou de vente autour de ces chiffres ronds, qui doivent tous être exécutés dès que l'EURUSD atteint ce niveau. Bien évidemment, cela a des conséquences sur l'évolution des prix. La première stratégie tente de capitaliser sur ce fait en supposant la «probabilité» que le marché se retourne, au moins temporairement.

Image 3 : USDCAD, graphique horaire

L'image 3 démontre un exemple du fonctionnement de cette stratégie simple. La ligne médiane bleu représente le niveau du nombre arrondi. Au moment de la capture d'écran, il était de 1,3500 dans la paire de devises USDCAD. Dans ce cas, le trader place un ordre de vente limité exactement à 1,3500 (flèche rouge au-dessus) avec un stop loss de 30 pips, soit 1,3530. La ligne horizontale rouge en haut indique le niveau de stop loss. L'objectif de cours est inférieur de 30 pips et attend que 1,3470 soit atteint (ligne horizontale verte en dessous). Le marché a atteint cet objectif de prix au bout de deux heures (flèche verte ci-dessous). Comme vous pouvez le voir, cela s'est produit sans heurter l'ordre stop loss à 1,3530.

En conséquence, le trader crée un «terrain de jeu» d'un total de 60 pips. 30 pips de risque et 30 pips de chance. Il travaille donc avec un ratio risque/récompense de 1:1. Il risque 30 pips pour gagner exactement 30 pips. S'il a raison dans 50% des cas, il gagnera autant de pips qu'il en perdra. Il doit donc atteindre un taux de réussite de plus de 50 % pour pouvoir trader de façon rentable. Pour illustrer cela, regardons quelques exemples dans lesquels le trader a effectué plusieurs transactions «à nombre arrondi».

Image 4 : USDCAD, graphique 4 heures

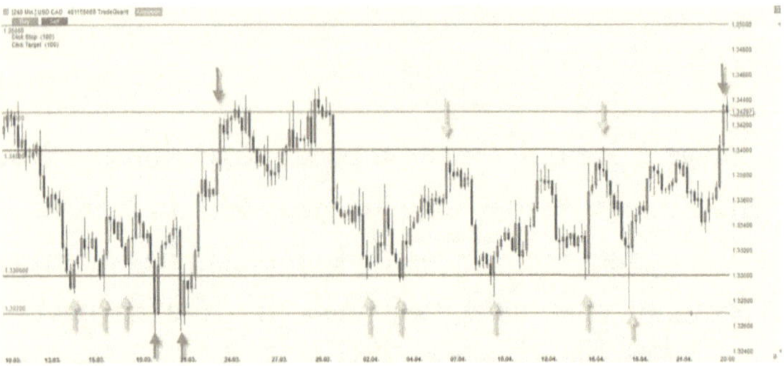

Dans cet exemple, le trader a effectué un total de 14 transactions. Les flèches vertes symbolisent les «trades gagnants» et les rouges les «trades perdants». Il y a eu 10 trades longues et 4 trades courtes. À ce stade la paire était en mouvement latéral, qui se situait approximativement entre 1,3400 et 1,3300 (entre les lignes horizontales bleues intérieures). Comme vous pouvez le voir, la plupart du temps, la paire a tourné autour du chiffre rond. Dix des quatorze transactions se sont soldées par un profit. Cela se traduit par la performance suivante

Trades rentables : 10 x 30 pips	=	300 pips
Trades en perte : 4 x 30 pips	=	-120 pips
Total :		**180 pips**

Le trader a ainsi pu générer un résultat de 180 pips sur cette période. Cela correspond à un taux de réussite de 71,43 %, ce qui est évidemment excellent. Mais vous ne devez pas oublier qu'il travaille avec un ratio risque/récompense de 1:1. Il doit donc atteindre un taux de rendement supérieur à 50 % pour pouvoir trader de façon rentable.

Dans l'exemple suivant, nous pouvons voir que ce n'est pas toujours aussi évident.

Image 5 : USD/CHF, graphique 4 heures

Dans cet exemple, le trader a échangé dans la paire de devises USD/CHF (Dollar US - Francs suisses). La paire s'est échangée entre 1,0000 et 0,9900 au cours de cette période. En d'autres termes, la paire a évolué autour de la parité (1 pour 1), ce qui signifie que vous obtenez exactement un franc suisse pour un dollar.

La paire a touché le «nombre arrondi» sept fois au cours de cette période. Le trader a pu effectuer 7 transactions. Cependant, il n'a pas eu autant de succès ici qu'à l'USDCAD. Il a pu effectuer quatre trades avec un gain et trois avec une perte. Le Trader a obtenu le résultat suivant :

Trades rentables : 4 x 30 pips	=	120 pips
Trades en perte : 3 x 30 pips	=	-90 pips
Total :		**30 pips**

Comme vous pouvez le constater, le trader devait «travailler» beaucoup plus pour réaliser un profit, mais c'était quand même un profit. Quatre trades gagnants sur sept correspondent à un taux de réussite de 57,14%. Ce deuxième exemple montre une évaluation plus réaliste de cette stratégie. Cela peut sembler une déception ou une faiblesse pour certains débutants, mais d'après mon expérience, ce sont encore d'excellents résultats, dont un trader peut très bien vivre.

Supposons que le trader choisisse cette stratégie. Il effectue en moyenne 20 trades par mois et son taux de réussite se situe autour de 60%. Il réalise le résultat mensuel suivant :

Trades rentables : 12 x 30 pips	=	360 pips
Trades en perte : 8 x 30 pips	=	-240 pips
Total :		**120 pips**

Dans ce cas, le trader réaliserait un profit moyen de 120 pips par mois. Cela peut sembler «décevant» pour certains, surtout si l'on part de l'hypothèse très optimiste qu'avec le day trading ou le scalping sur le marché Forex, vous pourriez réaliser 50 pips par jour.

Je peux vous dire par expérience que très peu de traders (s'il y en a) y parviennent.

Mais avoir un rendement mensuel robuste de 120 pips est tout à fait possible pour tout trader utilisant cette stratégie. Incidemment, cela dépend de la taille de la position - ce que 120 pips signifie pour vous en dollars. Si vous tradez avec un soi-disant mini lot (10.000 USD), vous ne deviendrez pas riche avec un résultat de 120 USD par mois. Mais si vous tradez un lot standard (100 000 EUR), vous pourriez gagner 1 200 EUR par mois.

Cependant, si vous êtes en mesure d'atteindre ce résultat régulièrement, alors toutes les portes s'ouvrent pour une carrière de Trader réussie. Vous pouvez alors soit monter les échelons avec votre propre capital de trading et bientôt, vous pourrez peut-être faire le trading de deux ou trois lots standard. Vous pouvez également mettre vos compétences à la disposition d'investisseurs du monde entier qui souhaitent «capitaliser» votre compte de trading. Vous pourriez alors commencer à trader avec des positions beaucoup plus élevées.

De cette façon, vous êtes plus susceptibles de gagner un revenu supérieur à 10 000 USD par mois. J'ai expliqué comment procéder dans mon livre : «Comment se lancer dans le trading avec 500 Euros».

La stratégie des nombres arrondis fonctionne bien avec les paires de devises suivantes : USDCAD, USDCHF,

AUDUSD, NZDUSD, EURJPY, USDJPY, EURGBP et EURCHF

Néanmoins il est préférable d'éviter les paires EURUSD et GBPUSD mieux connues avec cette stratégie. Vous obtiendrez ici des résultats inférieurs à la moyenne avec la stratégie 30 pips. Un grand nombre de traders du monde entier tradent ces deux paires, ce qui réduit considérablement les chances de rentabilité.

La stratégie est une pure stratégie «set and forget». Cela signifie que vous devez toujours travailler avec des ordres entre parenthèses. Définissez un ordre d'achat ou de vente à cours limité sur le nombre arrondi, selon que vous souhaitiez à court ou à long terme. En même temps, votre ordre active un objectif de prix de 30 pips et un ordre stop loss de 30 pips. Une fois que la transaction est sur le marché, vous pouvez éteindre l'ordinateur, car c'est le marché qui décide si l'objectif de cours de prix ou si le stop sera atteint en premier.

Vous pouvez donc trader cette stratégie même si vous avez encore un emploi de jour. Vous pouvez le faire en définissant vos limites le matin dans les paires de devises dans lesquelles vous souhaitez trader. Grâce aux ordres entre parenthèses, vous n'avez pas besoin de surveiller les trades.

Stratégie 2 :
La stratégie Halte à la chasse

La deuxième stratégie est une simple «stratégie de momentum», basée sur l'hypothèse que les grands acteurs du marché des changes aiment «traquer» les stops au nombre arrondi. Bien que tout le monde sache qu'il ne faut pas placer son stop au chiffre rond, de nombreux ordres stop sont encore placés à ce niveau, principalement par des participants du marché institutionnel.

L'idée de cette stratégie est précisément que l'on peut supposer que, dès que le marché approchera le nombre arrondi, les traders de momentum vont «traquer» le nombre arrondi (et les stops qui y attendent). La stratégie suppose que si le marché n'est qu'à 15 pips du nombre arrondi, il obtiendra généralement le nombre arrondi. L'image suivante illustre cette stratégie.

Image 6 : USDCAD, graphique de 15 minutes

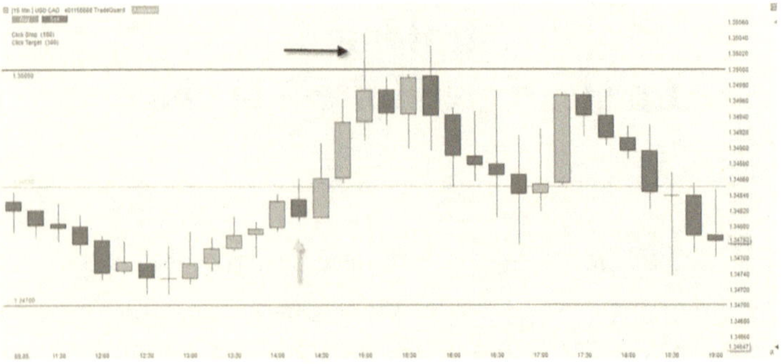

Dans cet exemple, dans la paire de devises USDCAD, le marché s'est approché du nombre arrondi 1,3500. Dès que cela se produit, le trader place un ordre stop-buy à 1,3485, soit 15 pips en-dessous du nombre arrondi (flèche verte en-dessous). Comme vous pouvez le constater, le marché a atteint l'objectif de prix (ligne supérieure horizontale et flèche) après quatre bougies. La ligne horizontale rouge inférieure montre le niveau de stop loss, qui était de 15 pips en-dessous de l'entrée, soit 1,3470.

Le trader tente de profiter de la «course» attendue sur le numéro arrondi. Les 15 derniers pips, pour ainsi dire. Il est prêt à prendre 15 pips de risque parce qu'il suppose qu'il est plus probable que le nombre arrondi sera touché avant que le marché ne chute.

Encore une fois, le trader travaille avec un ratio risque/récompense de 1:1, il risque 15 pips pour gagner 15 pips. Cette stratégie est facile à mettre en œuvre avec des ordres de parenthèses. Si le trader quitte son bureau de trading après l'entrée, il peut revenir après une heure pour déterminer le gain réalisé de 15 pips.

Image 7 : USDCAD, graphique horaire

Dans cet exemple, le trader a effectué cinq trades avec cette stratégie, dont trois étaient des trades gagnants (flèches vertes) et deux étaient des trades perdants (flèches rouges). Dans l'ensemble, le trader a été quatre fois long juste avant la marque de 1,3500 et une fois court juste avant la marque de 1,3400. La cible de profit de 15 pips et la distance stop-loss de 15 pips définissent le «terrain de jeu» de cette stratégie simple.

Encore une fois, le trader doit également s'attendre à ce que des trades à perte se produisent régulièrement. Comme toujours dans le trading, cela dépend du rapport entre les profits et les pertes, qui, nous l'espérons, sera décidé à l'avantage du trader. Dans l'exemple de l'image 7, nous avons obtenu le résultat suivant :

Trades rentables : 3 x 15 pips	=	45 pips
Trades en perte : 2 x 15 pips	=	-30 pips
Total :		**15 pips**

Comme vous pouvez le constater, le résultat de cette stratégie semble modeste à première vue, mais ce taux de réussite de 60 % me semble, avec un peu de pratique, réalisable. Toujours avec cette stratégie, j'éviterais les deux paires EURUSD et GBPUSD et me concentrerais sur la liste de la Stratégie 1 ci-dessus. Il est intéressant de noter que la plupart des débutants traders sur l'EURUSD et la GBPUSD, bien qu'il s'agisse des paires les plus difficiles à trader.

Considérez le trading Forex comme un jeu de probabilité

Bien entendu, des variantes de ces deux stratégies sont possibles et il y a des traders qui tradent les deux stratégies avec des paramètres légèrement modifiés. Avant de modifier les paramètres des stratégies que j'ai présentées ici, vous devriez d'abord tester les modifications pendant un certain temps avant de les diffuser.

Le trading Forex est un jeu très différent du trading d'actions ou de futures. Vous devez donc aborder la question avec les bonnes stratégies (ajustées au marché). Comme je l'ai dit au début, à mon avis, les stratégies, qui reposent sur un décollage rapide de quelques pips, sont les meilleures sur le Forex, en raison des trois caractéristiques susmentionnées de ce marché.

Les deux stratégies sont de bons exemples de la façon de construire progressivement une entreprise de trading, basée sur des probabilités calculées. Comme les structures d'échanges en Forex trading se répètent continuellement, vous pouvez aborder la question avec des méthodes très simples et laisser la mathématique travailler pour vous sur le long terme. Comme vous le savez, il vous suffit de faire un peu plus de profit que de perte pour gagner une fortune sur le Forex. C'est pourquoi je pense qu'il est préférable d'aborder les choses de façon systématique. Les deux stratégies présentées ici constituent un premier pas dans cette direction.

PARTIE 2 :
DEUX STRATÉGIES AVEC DES PIVOTS HEBDOMADAIRES

Comment trader les pivots hebdomadaires

Tout comme pour les deux stratégies avec le chiffre rond (première partie de cette série), je voudrais présenter deux stratégies avec des « pivots hebdomadaires ». Si vous ne connaissez pas le concept de pivots, je vais vous expliquer brièvement ce qu'ils signifient.

Les points de pivot, ou simplement les « pivots », ont été développés à l'origine par les traders sur les marchés des matières premières, afin de déterminer les points de retournement potentiels. Une distinction est faite entre le pivot lui-même, et trois niveaux de résistance et trois niveaux de soutien. Le pivot est le point central de la journée de négociation. C'est la moyenne des prix haut, bas et de clôture du jour de bourse précédent. Si la paire de devises se négocie au-dessus du pivot, cela indique généralement un sentiment haussier. À l'inverse, si la paire se négocie en dessous du pivot, les traders à pivot éprouvent un sentiment baissier et sont plus susceptibles de prendre des positions courtes.

Les trois niveaux de soutien et de résistance, qui sont également calculés sur la base de la journée de négociation précédente, sont également importants.

Ils servent au pivot trader comme niveaux d'entrée possibles pour ses transactions, ou comme objectifs de prix potentiels.

Tout comme vous pouvez calculer les points de pivot sur une base quotidienne, vous pouvez également les calculer sur une base hebdomadaire, voire mensuelle. La plupart des plateformes de négociation les ont déjà mis en œuvre automatiquement. Il suffit de quelques clics pour les installer sur un graphique.

Figure 1 : USDJPY, graphique de 4 heures, pivots hebdomadaires, du 30 septembre au 4 octobre 2019

La figure 1 montre les pivots hebdomadaires pour la semaine du 30 septembre au 4 octobre 2019 de la paire USDJPY. Les sept lignes horizontales ont été calculées automatiquement par ma plateforme de trading, sur la base des données de clôture de la semaine précédente. La ligne centrale est le pivot lui-même. Au-dessus, vous pouvez voir les trois résistances R1, R2 et R3. Au-dessous, vous voyez les trois niveaux de support S1, S2 et S3.

Comme vous pouvez le voir, la paire USDJPY a d'abord évolué dans le sens du niveau R1, et l'a atteint de façon très précise à midi le 1er octobre. Elle est ensuite retombée au niveau du pivot hebdomadaire dans l'après-midi. Le lendemain, la paire USDJPY s'est échangée sous le pivot et a atteint le niveau S1 dans l'après-midi, puis est tombée sous ce niveau. Dans l'après-midi du 3 octobre, la paire USDJPY a atteint le niveau S2.

En dehors de la touche S1 le 2 octobre, le marché a tourné à peu près exactement au niveau de chaque pivot. Parfois, cela se produit exactement sur un pip. Il va sans dire qu'en tant que trader, vous pouvez en tirer profit.

L'idée des deux stratégies de pivot que je présente ici est similaire aux stratégies de nombres ronds. Je les ai simplement adaptées au concept de pivots. Les pivots hebdomadaires, pas les pivots quotidiens !

Avant d'examiner les stratégies de plus près, nous devons d'abord nous pencher sur un aspect important du calcul des pivots.

Figure 2 : Pivots hebdomadaires USDCAD, du 30 septembre au 18 octobre 2019

Regardez de plus près la figure 2. Elle montre les lignes de pivot pour les trois semaines allant du 30 septembre au 18 octobre, pour la paire de devises USDCAD. Il est facile de voir que les lignes de pivots sont proches l'une de l'autre dans la semaine de 30 septembre à 4 octobre (à gauche du graphique). La distance entre les lignes individuelles cette semaine-là était d'à peine 30 pips. Il est évident que les stratégies de scalping visant des objectifs de 15 ou même 20 pips sont difficiles à mettre en œuvre ici. Nous verrons pourquoi il en est ainsi lorsque nous examinerons de plus près les deux stratégies.

Dans la semaine du 6 au 11 octobre, les niveaux étaient beaucoup plus larges. Cela est dû au fait que la volatilité avait soudainement augmenté la semaine précédente. Et, comme les nouvelles lignes de pivot sont calculées sur la base des données de clôture de la semaine précédente, les lignes de pivot de la deuxième semaine étaient beaucoup plus larges. Ici, la distance entre le pivot et le R1 était de 87 pips. C'est, bien sûr, beaucoup mieux pour le trading. La semaine suivante (semaine de treize octobre à dix-huit octobre), elle était déjà supérieure à 100 pips.

Le trader devra donc adapter ses objectifs de prix à ces conditions s'il veut réussir ses stratégies de scalping. Par exemple, il est insensé de travailler avec des objectifs de prix de 20 pips si la distance entre le pivot et R1 n'est que de 40 pips. Les deux stratégies permettront de clarifier la raison de cette situation. Si la distance est de 87 pips, comme dans la deuxième semaine de la figure 2, des objectifs de prix de 20 pips me semblent logiques.

Une autre raison pour laquelle le trader devrait éviter les semaines avec des lignes de pivot étroites est le fait que les pivots sont souvent à peine remarqués par les participants du marché au cours de ces semaines. Si vous regardez à nouveau la première semaine du graphique 2, vous pouvez voir que l'USDCAD a commencé un rallye légèrement au-dessus du S1 le 2 octobre, ce qui a amené la paire presque jusqu'au R3 en quelques heures. En cours de route, la paire a éclaboussé le pivot, R1 et R2, puis a presque atteint R3. C'est une bonne chose lorsque le trader travaille avec des stratégies qui reposent sur l'atteinte rapide des lignes de pivot. Bien sûr, ce n'est pas si bon s'il vise le contraire.

Dans le premier cas, cela semble être favorable au début, car le marché atteint rapidement l'objectif de prix.

Cependant, si vous n'avez qu'une fourchette de 30 pips, le problème est de trouver un point d'entrée raisonnable. Où voulez-vous entrer si la distance entre le pivot et R1 n'est que de 35 pips, surtout si vous travaillez avec des objectifs de prix de 15 ou même 20 pips?

En règle générale, j'éviterais les fourchettes inférieures à 60 pips. Avec 60 pips, vous pouvez au moins travailler avec des objectifs de prix de 15 pips, car ils correspondent à ¼ de la fourchette. C'est logique à mes yeux. Je ne toucherais à rien en dessous de ça.

La plupart des pivot traders en forex travaillent avec des pivots quotidiens. C'est-à-dire avec des niveaux de pivot qui sont calculés chaque jour, sur la base des données de prix de la «veille», bien que cela n'existe pas à proprement parler dans le forex. C'est une raison suffisante pour que je ne le fasse pas. Je préfère négocier les pivots hebdomadaires, principalement parce que je pense qu'ils sont plus fiables que les pivots quotidiens. Je veux dire par là que les niveaux qui ont été construits sur la base des données de la semaine précédente sont plus susceptibles d'être pris en compte par les grands acteurs que les niveaux de la veille.

Ainsi, les deux stratégies <u>tentent d'effectuer des transactions à court terme en se basant sur des données à moyen terme</u>. Cela peut sembler peu orthodoxe à certains traders, mais nous verrons à travers les exemples qu'une telle approche peut être assez rentable.

Stratégie 1 : tradez le pivot

Cette stratégie est une variante de la première stratégie avec le chiffre rond, mais ici, nous l'appliquons aux pivots hebdomadaires. Comme le montre clairement l'exemple de la figure 1, les acteurs du marché ont tendance à respecter les niveaux des pivots hebdomadaires *au premier contact*. La remarque «au premier contact» est donc significative. Le trader ne doit négocier que le premier contact. Il peut sans risque s'abstenir de toute autre touche avec la même ligne de pivot.

Dans trois des quatre cas de la figure 1, le marché a atteint le niveau de pivot presque exactement, après quoi le marché a fait volte-face. Nous voulons profiter de ce fait dans cette stratégie, en plaçant des ordres à cours limité aux niveaux de pivot et en spéculant sur un contre-mouvement de 15 pips. Là encore, nous utilisons des ordres brackets, où, une fois la transaction exécutée, un ordre stop automatique et un ordre de prise de profit automatique deviennent actifs sur le marché. Ainsi, rien n'est laissé au hasard. À nouveau, les paramètres sont clairs et faciles à comprendre. Nous fixons un objectif de prix de 15 pips avec un risque de 15 pips également. Cela signifie que nous travaillons avec un ratio risque/rendement de 1:1. Cela dit, la stratégie doit atteindre un taux de réussite supérieur à 50 % pour être rentable. Examinons tout d'abord un exemple de cette stratégie.

Figure 3 : USDCAD, graphique de 15 minutes, 7 octobre 2019

Dans cet exemple, le trader s'attendait à ce que la paire USDCAD tourne au niveau du pivot et fasse un contre mouvement d'au moins 15 pips. La ligne centrale sur l'image représente le pivot pour cette semaine. Il était à 1,3290. La limite d'achat attendait ici. La ligne du haut représente l'objectif de prix, qui était 15 pips plus haut, à 1,3305. La ligne horizontale inférieure représente le niveau du stop, à 1,3275. Comme le montre l'exemple, l'USDCAD a atteint le pivot à 14 h 30 (heure européenne) et a tourné presque exactement (flèche vers le bas, à gauche). La paire a atteint l'objectif de prix à 16 h 45 (flèche vers le haut, à droite). La transaction n'a jamais été en danger.

Nous allons maintenant examiner deux semaines de « trading du pivot » de la paire de devises USDJPY.

Figure 4 : USDJPY, graphique horaire, du 22 septembre au 4 octobre 2019

Le trader a connu deux excellentes semaines en USDJPY. Au total, il a pu exécuter huit transactions, soit quatre par semaine. Dans le graphique, j'ai marqué les transactions rentables par la lettre W (win/gain), et les transactions à perte par la lettre L (loss/perte). Il n'y a eu qu'une seule perte, le 2 octobre. Ici, le marché a atteint le stop. J'ai marqué la dernière transaction de la première semaine comme B, ou seuil de rentabilité (break even). Cette transaction a à peine bougé et peut donc être considérée comme une transaction break even, car le trader l'a clôturée au prix d'entrée. Le résultat de deux semaines de trading sur la paire USDJPY ressemble à ceci :

Trades rentables : 6 x 15 pips	=	90 pips
Trades à perte : 1 x 15 pips	=	-15 pips
Breakeven trades: 1 x 0 pips	=	0 pips
Total :		**75 pips**

Bien sûr, ce sont d'excellents résultats, mais comme la montre l'exemple suivant de la figure 5, cela ne fonctionne pas toujours aussi bien.

Figure 5 : USDJPY, graphique horaire, du 15 au 26 juillet 2019

Au cours de ces deux semaines, le marché n'a touché le pivot ou les lignes de résistance/support que quatre fois. Et une seule de ces touches a conduit au succès. Les trois autres ont entraîné des pertes. Il est évident que les participants au marché ont été moins enclins à respecter les pivots hebdomadaires pendant cette période, même au premier contact, ce qui entraîne souvent un rebond dans l'autre direction, ce qui est à son tour la prémisse de cette stratégie.

La question de savoir si l'on doit recommencer à trader pourrait se poser, si le trade était arrêtée à la première tentative et que le marché prend un nouveau départ sur la ligne de pivot visée. Je serais prudent à cet égard. Si le marché a atteint le stop à la première tentative, c'est généralement le signe que « le marché » n'est pas particulièrement préoccupé par les pivots hebdomadaires. D'après mon expérience, il vaut mieux attendre qu'une nouvelle opportunité se présente sur une autre ligne de pivot, à la hausse ou à la baisse.

Avec ce genre de stratégies, il faut se rendre compte que la patience finit par payer. Comme vous pouvez le voir sur la figure 5, il arrive qu'une paire de devises ne se comporte pas aussi bien pendant deux semaines. Mais cela ne signifie pas que la stratégie ne fonctionne pas à long terme. La figure 4 montre que vous pouvez parfois obtenir d'assez bons résultats. Si vous prenez les résultats de l'image 4 et de l'image 5 ensemble, vous obtenez une évaluation réaliste de la stratégie.

Trades rentables : 7 x 15 pips	=	105 pips
Trades à perte : 4 x 15 pips	=	-60 pips
Trades break even : 1 x 0 pips	=	0 pips
Total :		**45 pips**

Ainsi, le résultat total de quatre semaines de trading sur l'USDJPY serait de 45 pips. Cela donnerait à la stratégie un taux de réussite total de 58,33 %. Le trader a obtenu un résultat moyen de 3,5 pips par transaction.

Ce n'est peut-être pas un résultat spectaculaire, mais il est réaliste à mes yeux.

Si un trader veut atteindre un objectif mensuel total de 100 pips, il doit, dans ces conditions, exécuter au moins 26 transactions (3,75 x 26,66 = 100 pips). Si nous prenons le nombre de 12 transactions en USDJPY comme moyenne, il devrait exécuter la stratégie dans au moins sept autres paires de devises pour obtenir le résultat souhaité.

Toutefois, nous devons agir avec prudence dans ce cas. Les traders de forex expérimentés savent que si une paire de devises n'est pas particulièrement performante, souvent, les autres paires de devises ne le sont pas non plus. Par conséquent, je ne vous conseille pas d'utiliser la même stratégie sur un si grand nombre de paires de devises « différentes ». Toutes les paires de devises sont fortement corrélées. Cela signifie qu'elles présentent souvent des résultats similaires. Il faut également se rappeler que le dollar est toujours impliqué, directement ou indirectement. Même si la paire de devises ne porte pas le terme « dollar » dans son nom, comme c'est le cas pour la GBPJPY ou l'EURCHF, la force ou la faiblesse du dollar a toujours une influence.

En d'autres termes, plus vous négociez de paires de devises avec une stratégie similaire, plus le risque cumulé augmente. Ce risque survient lorsque vous êtes unilatéralement investi dans un trop grand nombre d'instruments de la même classe d'actifs.

Je vous conseille plutôt de répartir le risque en n'ajoutant plus de paires de devises à une stratégie, mais plutôt en négociant différentes stratégies avec des objectifs de prix différents. J'y reviendrai plus en détail dans la quatrième partie de cette série d'ouvrages.

Stratégie 2 :
La stratégie des « 20 derniers pips »

Tout comme la stratégie Halte à la chasse avec le chiffre rond, la stratégie des 20 derniers pips repose sur l'hypothèse que, lorsque le marché s'approche de l'un des pivots hebdomadaires, il l'atteindra généralement. Cela signifie que les traders de momentum conduiront la paire vers le pivot hebdomadaire une fois qu'elle ne sera plus qu'à quelques pips de celui-ci. En ce sens, la stratégie des 20 derniers pips est une stratégie de momentum, car elle repose sur le momentum final qui survient dès que le prix semble être proche du niveau du pivot.

La raison pour laquelle cela se produit est essentiellement la même que pour la stratégie des chiffres ronds. Les lignes de pivot, et en particulier les lignes de pivot hebdomadaires, exercent une « force magnétique » sur les prix lorsqu'ils s'en approchent. De plus, les acteurs du marché supposent que le marché changera de cap dès qu'il atteindra ce niveau.

Cela se produit d'autant plus lorsque le marché est dans une phase latérale. De nombreux traders considèrent les niveaux de pivot comme des objectifs de prix pour les transactions existantes. Bien entendu, ils peuvent également les utiliser comme niveaux d'entrée. Dans ce cas, ils exécuteront des transactions à contre-tendance, comme la stratégie « tradez le pivot », que j'ai abordée dans la première partie.

Lorsque le trader décide d'utiliser la strategie « les 20 derniers pips », il essaie de profiter des 20 derniers pips avant que le marché n'atteigne le niveau pivot. Ici, notre objectif de prix est en attente sous la forme d'un ordre de prise de profit. Habituellement, j'utilise un objectif de profit de 20 pips. Bien sûr, je peux le faire varier si la paire de devises l'exige (par exemple, en période de moindre volatilité ou lorsque la paire elle-même ne fluctue pas beaucoup). Dans ce cas, je préfère travailler avec un objectif de prix de 15 pips.

Cependant, j'évite les paires de devises ayant une faible fluctuation quotidienne, comme l'AUDUSD ou le NZDUSD (en septembre 2019). Dans ce cas, il faudrait abaisser l'objectif de prix à un point tel que la stratégie ne pourrait plus être rentable. Il n'est pas impossible de négocier ces paires si vous disposez d'excellentes conditions de courtage. Mais, nous avons suffisamment d'autres paires de devises négociables, alors pourquoi rendre les choses difficiles ?

Avec cette stratégie, je travaille à nouveau avec un ratio risque/rendement de 1:1. La raison en est simple. Je suppose que si le marché s'approche du niveau pivot de 20 pips, il est plus probable qu'il soit attiré par le niveau pivot, plutôt que de prendre un autre détour dans l'autre direction.

Ainsi, nous savons que nous avons besoin d'un taux de réussite supérieur à 50 %, afin de faire notre trading de manière rentable. Je suis bien conscient qu'un tel objectif n'est pas toujours facile à atteindre. Cependant, mon expérience me dit qu'il peut être atteint si le trader met en œuvre la stratégie de manière disciplinée. Pour que cela réussisse, une stratégie doit être logique et aussi simple que possible.

Figure 6 : USD/JPY, graphique de 15 minutes, 9 décembre 2019

L'exemple du graphique en 15 minutes de l'USD/JPY (Fig. 6) illustre cette stratégie. La ligne horizontale supérieure représente le niveau R2 (Résistance 2). Il était à 108,09 cette semaine-là, et c'était le prix cible de la transaction. La ligne du milieu était 20 pips en dessous de R2, et cela représentait le niveau d'entrée à

107,89. Cette entrée a été activée lorsque l'USD/JPY a atteint ce niveau (flèche, en bas à gauche). Enfin, le niveau stop-loss attendait 20 pips plus bas, à 107,69 (ligne horizontale, vers le bas). Comme vous pouvez le voir sur le graphique, le marché a atteint l'objectif de prix assez rapidement (flèche, droite), alors que le marché n'a pas touché le niveau du stop.

Ce n'est pas toujours le cas, comme le montre l'exemple ci-dessous, sur le graphique horaire USDCAD.

Figure 7 : USDCAD, graphique horaire, du 15 au 22 septembre 2019

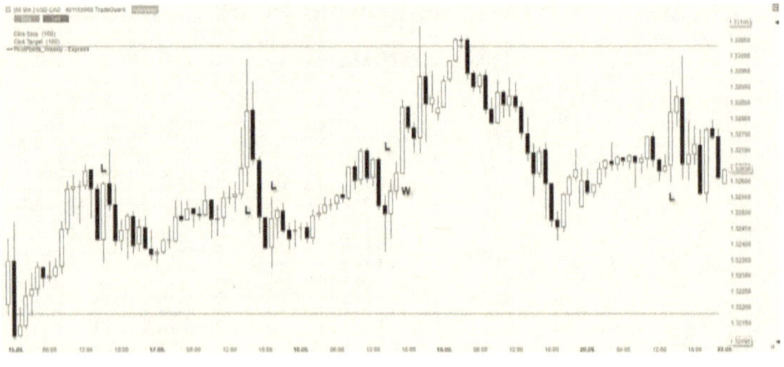

Dans la semaine du 15 au 22 septembre 2019, l'USDCAD a oscillé entre le niveau de pivot (ligne horizontale, en bas) et le R1 (ligne horizontale, en haut). Cela arrive assez souvent. Les marchés du forex atteindront rarement le pivot hebdomadaire R3 ou S3. Cela se produit généralement lorsque la paire présente un comportement plus tendanciel. Comme nous savons que les marchés du forex ont tendance à s'échanger de manière latérale la plupart du temps, les échanges se feront principalement autour du pivot hebdomadaire. Les objectifs de prix sont alors généralement R1 ou S1, ou le pivot lui-même, comme dans la figure 7.

Après tout, le trader a pu effectuer 6 transactions cette semaine, mais une seule d'entre elles a été rentable, et cinq d'entre elles ont entraîné une perte. Voici les résultats :

Trades rentables : 1 x 20 pips	=	20 pips
Trades à perte : 5 x 20 pips	=	-100 pips
Total :		**-80 pips**

Le trader a subi une perte de -80 pips sur cette paire de devises. C'est bien sûr un résultat insatisfaisant, mais il est parfaitement normal. Chaque trader a de telles semaines, et en même temps, cela devrait être un avertissement pour les traders qui pensent que vous pouvez facilement gagner de l'argent sur le forex. Rien n'est plus éloigné de la vérité. Le trading sur le forex est comme toute autre forme de commerce - c'est un travail difficile. Seuls ceux qui exécutent leur(s) stratégie(s) de manière disciplinée ont une chance de réussir. Si vous êtes confronté à de telles « semaines de malchance », vous pouvez également connaître des semaines où tout se déroule comme sur des roulettes, comme l'illustre l'exemple ci-dessous dans la figure 8.

Figure 8 : USD/CAD, graphique horaire, du 18 août au 1er septembre 2019

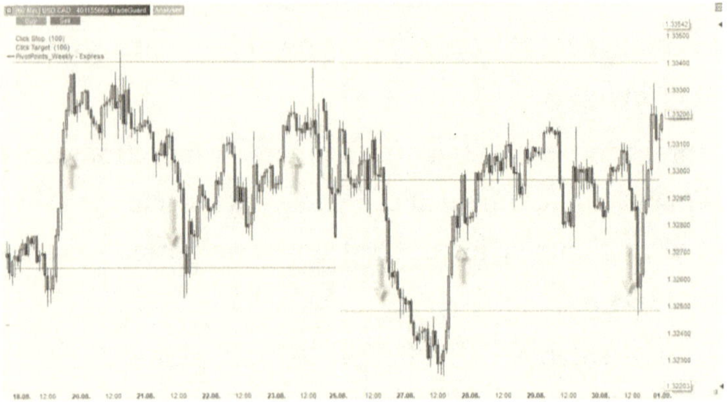

Dans les deux semaines du 18 août 2019 au 1er septembre 2019, le trader a pu exécuter six transactions, qui ont toutes été rentables (flèches dans le graphique). Bien sûr, on aimerait qu'il en soit toujours ainsi.

En ce qui concerne l'objectif de 20 pips de profit, le trader doit rester flexible. Si la distance entre le pivot et le R1 est de 60 pips ou moins, il n'est pas logique de travailler avec un objectif de prix de 20 pips. Ici, 15 pips devraient suffire. Si la distance entre les deux niveaux devient encore plus petite, vous devriez arrêter de trader la stratégie.

Si nous additionnons les résultats de l'image 7 et de l'image 8, nous obtenons une idée réaliste de ce qu'est réellement le trading de forex.

Trades rentables : 7 x 20 pips	=	140 pips
Trades à perte : 5 x 20 pips	=	-100 pips
Total :		**40 pips**

Un bénéfice de 40 pips est-il un bon résultat pour trois semaines de trading? Réponse : Oui, Monsieur. C'est un bon résultat.

Dois-je modifier les paramètres si mon trading ne se déroule pas bien ?

Pour terminer, je voudrais répondre brièvement à la question de savoir s'il est judicieux de modifier les paramètres des deux stratégies, afin d'obtenir un meilleur résultat. À titre d'exemple, le trader pourrait avoir l'idée de travailler avec un objectif de prix de 20 pips et un stop loss de seulement 15. De cette façon, il augmenterait les résultats globaux de ses gagnants. Bien sûr, c'est vrai. Mais en même temps, avec cette mesure, il réduirait probablement son taux de réussite. Au lieu d'un taux de réussite de 58 %, il ne pourrait alors plus atteindre que 54 %, voire moins. Ainsi, le résultat final ne changerait pas beaucoup.

Bien sûr, vous pouvez envisager de modifier les paramètres d'un système, et soyons honnêtes, c'est exactement ce que fait chaque trader si les choses ne vont pas si bien pendant un certain temps. La question est de savoir si tourner la vis de paramétrage est la meilleure solution dans une telle situation. Malheureusement, cette mesure fausse vos statistiques, dont l'analyse continue est si importante pour construire une entreprise de trading rentable (et aussi pour convaincre les investisseurs potentiels).

À mon avis, il vaut mieux ignorer les séries de pertes maximales (drawdown) qui durent pendant quelques semaines, et continuer à trader le système «stoïquement». S'il s'avère, après une période prolongée, que la rentabilité ne revient pas, il faut sérieusement envisager de retirer la stratégie du marché.

Changer les paramètres prématurément en cas de pertes temporaires indique généralement qu'il s'agit d'un trader amateur. Souvent, c'est le trader qui négocie une seule stratégie qui le fait. Si vous n'avez qu'une seule stratégie active, vous êtes beaucoup plus dépendant des résultats de cette stratégie.

Les professionnels (les hedge funds et autres investisseurs institutionnels) optent généralement pour diverses stratégies et les comparent. Si l'une d'entre elles est un peu moins performante (et il peut toujours y en avoir une ou plusieurs qui ne le sont pas autant), ils comparent alors les résultats avec des données historiques ou avec les résultats des stratégies qui sont performantes. Les professionnels ne deviennent pas nerveux parce qu'ils ont subi des pertes sur une paire de devises particulière pendant deux ou trois semaines.

PARTIE 3 : TRADER AVEC LES SOMMETS ET CREUX HEBDOMADAIRES

Introduction au trading avec les sommets et creux hebdomadaires

Tout comme les points de pivot et le chiffre rond, les hauts et les bas des derniers jours ou semaines représentent des niveaux significatifs dans le graphique, qui sont remarqués par de nombreux acteurs du marché. Pour les day traders, bien sûr, les hauts et les bas de la veille sont particulièrement importants. Si le marché passe au-dessus ou en dessous de ces niveaux, cela donne au trader un signal qu'il quitte la fourchette de la veille.

Ces points de prix sont encore plus importants si l'on considère le niveau hebdomadaire. Après tout, le haut de la semaine précédente signifie que c'était le prix le plus élevé que les traders étaient prêts à payer pour une paire de devises particulière. Il en va de même, bien sûr, pour le bas de la semaine précédente. Il s'agissait du prix le plus bas que les traders étaient encore prêts à payer pour cette paire. Aucun autre jour de la semaine précédente, personne n'a payé un prix plus élevé ou plus bas.

Si le marché s'approche à nouveau d'un niveau de prix similaire la semaine suivante, il attire automatiquement l'attention des participants au marché, car, lorsque cela se produit, la question se pose de savoir si le marché va ou non tourner à nouveau au même niveau (comme la semaine précédente), ou si, cette fois, le marché va franchir ce niveau de prix et si cet événement va éventuellement mettre fin à la fourchette de la semaine dernière ?

Un tel événement est assez significatif. Il peut signifier le début d'une nouvelle tendance ou la poursuite d'une tendance existante. Il n'est donc pas étonnant que ces niveaux de prix attirent l'attention des acteurs du marché. Et ce qui attire l'attention génère automatiquement l'intérêt des traders qui aiment sauter dans des trains qui roulent à toute vitesse dans une certaine direction. Ce sont les traders dits de momentum, qui veulent profiter de l'attraction de tels niveaux.

Il est donc logique - par analogie aux stratégies avec le nombre rond et les pivots - de développer des tactiques qui tirent parti de cette situation.

Si le marché se trouve que brièvement en dessous du plus haut de la semaine précédente, la question se pose de savoir s'il a plus de chances d'être attiré par ce dernier. Et deuxièmement, la question est de savoir si le marché continuera à bouger lorsqu'il atteindra ce niveau, ou s'il va d'abord le repousser de quelques pips. Les deux stratégies présentées ici traitent exactement de cette question.

Ici, comme partout ailleurs dans le Forex trading, la question suivante se pose : y a-t-il une plus grande probabilité que ce scénario ou un autre se produise à long terme ?

Si la probabilité n'est que légèrement supérieure à la probabilité inverse, nous savons que nous avons acquis un petit avantage sur « le marché ».

Si cela n'est pas possible, et que la théorie de l'efficacité du marché s'avère juste, il serait bien sûr inutile d'envisager dès le départ de traiter avec le marché des changes.

Le trading des devises n'est rien d'autre que l'obtention d'un petit avantage, que les Américains appellent un « edge ». Pour les traders de Forex, il est donc important que l'un ou l'autre scénario, qui a une probabilité plus élevée que son opposé, se produise. Pour les personnes extérieures, cela peut sembler insignifiant. Mais un trader sait que cette petite différence peut être à la base d'une activité de trading rentable.

Stratégie 1 :
La chasse aux sommets et creux hebdomadaires

La première stratégie concerne l'attrait que le plus haut ou le plus bas de la semaine précédente exerce sur le prix. Nous commençons par observer que, dès que le prix actuel n'est plus qu'à quelques pips de ces niveaux, il sera automatiquement attiré par ceux-ci, comme un métal vers un puissant aimant. La stratégie « La chasse aux sommets et creux hebdomadaires » suppose qu'il y a une plus grande probabilité que le marché se déplace vers ce niveau plutôt que dans la direction opposée. La figure 1 illustre le principe de cette stratégie.

Figure 1 : USDJPY, graphique de 15 minutes, 15 octobre 2019

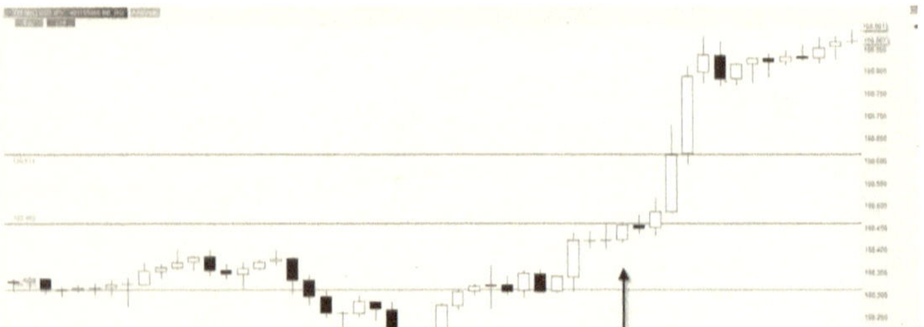

Dans cet exemple, avec l'USDJPY, le haut de la semaine précédente était de 108,61 (ligne horizontale supérieure). Après un mouvement latéral le 15 octobre, le marché s'est approché de ce niveau peu après le début des échanges américains, vers 15 h 30, heure européenne. En conséquence, l'ordre d'achat stop a été exécuté à 108,46 (ligne horizontale centrale et flèche sur le graphique). Un peu plus tard, le prix a atteint le haut de la semaine précédente. La position a été fermée, grâce à un ordre de prise de profit automatique, avec un profit de 15 pips.

La ligne horizontale inférieure, à 108,31, représente le niveau où l'ordre stop loss était en attente. Comme vous pouvez le voir, la transaction n'a jamais été en danger. Comme le trader travaillait avec un ordre bracket, l'ordre stop-loss a été automatiquement fermé lorsque le marché a atteint le prix cible.

Comme pour les quatre premières stratégies de cette série, nous travaillons avec un ratio risque/rendement de 1:1, en risquant 15 pips pour gagner 15 pips, car nous pensons que dans la majorité des cas, le prix atteindra le prix cible plus tôt que l'ordre stop-loss.

Bien entendu, la « probabilité » signifie également que dans de nombreux cas, cela n'arrivera pas. Le trader devra donc tenir compte des trades à perte dans cette stratégie - comme c'est le cas pour toute stratégie.

Figure 2 : USDJPY, graphique journalier, 2 septembre au 17 octobre 2019

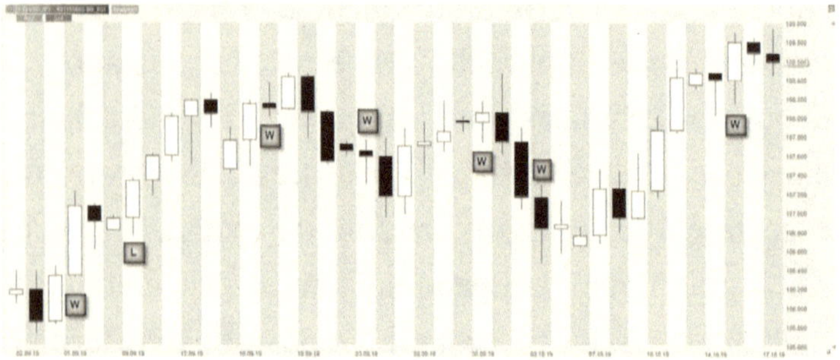

Le graphique quotidien de la paire de devises USDJPY illustre le nombre de transactions que vous obtiendrez de manière réaliste avec cette stratégie. Au total, la paire a atteint sept fois le haut ou le bas de la semaine précédente. Dans six des sept cas, la transaction a atteint l'objectif de prix. Une seule fois, le 9 septembre, il y a eu une perte. Pour cette période, le résultat est le suivant :

Trades rentables : 6 x 15 pips	=	90 pips
Trades à perte : 1 x 15 pips	=	-15 pips
Total :		**75 pips**

C'est bien sûr un excellent résultat, mais il ne faut pas toujours le supposer dans cette stratégie.

Figure 3 : USDCAD, graphique journalier, 20 septembre au 20 octobre 2019

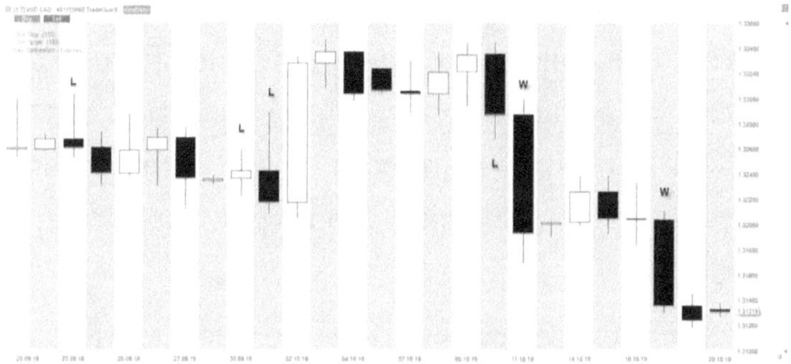

La figure 3, en revanche, illustre clairement ce que peut signifier le trading. Pendant cette période, le trader a exécuté six transactions en USDCAD, dont quatre étaient perdantes. Le résultat a été le suivant :

Trades rentables : 2 x 15 pips	=	30 pips
Trades à perte : 4 x 15 pips	=	-60 pips
Total :		**-30 pips**

Si l'on additionne les résultats des deux périodes d'échanges (figures 2 et 3), on obtient le résultat final suivant :

Trades rentables : 8 x 15 pips	=	120 pips
Trades à perte : 5 x 15 pips	=	-75 pips
Total :		**45 pips**

Un débutant pourrait être déçu par un tel « résultat » après un mois et demi de trading sur le Forex. Mais comme je l'ai déjà dit, j'attribue cela aux attentes exagérées qui hantent de nombreux forums de Forex.

Le trading du Forex est une entreprise, comme toute autre, et il doit donc être traité et considéré comme tel. Il est bien connu que les « pertes » dans le trading doivent être considérées comme rien de plus que des « coûts ». Le trader doit supporter ces coûts afin de pouvoir participer au marché. Il doit « payer » avec ses pertes, pour ainsi dire, afin de pouvoir participer au marché.

S'il y a une chose que je veux réaliser avec ce livre, c'est de faire en sorte que le lecteur ait une vue réaliste de ce que signifie le trading sur le Forex, mais je veux aussi montrer aux traders ce qu'ils peuvent réaliser. À mon avis, ces 45 pips sont tout à fait suffisants pour établir une entreprise de trading prospère.

Maintenant, le lecteur pourrait objecter, en déclarant que cette stratégie ne donne pas assez de signaux. C'est vrai - c'est une conséquence du fait que la stratégie fonctionne avec les hauts et les bas de la semaine précédente. Le marché n'atteint en aucun cas ces niveaux à chaque fois. De plus, il y a aussi des semaines où il ne touche ni le haut ni le bas de la semaine précédente (ce qu'on appelle les « inside-weeks »). C'est précisément pour cette raison que le trader ne doit pas appliquer la stratégie à une seule paire de devises, mais à plusieurs, et qu'il doit la combiner avec les autres stratégies.

Stratégie 2 : Étirement des sommets et creux hebdomadaires

Enfin, nous examinerons la deuxième stratégie, qui fonctionne avec les hauts et les bas des semaines précédentes. Mes recherches et mes tests ont montré que les marchés du Forex aiment mettre en scène « une légère exagération » lorsqu'ils atteignent ces niveaux. Qu'est-ce que j'entends par là ? Contrairement aux stratégies de nombres ronds et aux pivots, j'ai observé que le marché a tendance à dépasser ces niveaux. La raison en est simple : de nombreux opérateurs institutionnels ont placé des ordres d'achat (ou de vente pour les bas) sur ces places. Lorsque le marché atteint un tel niveau, ces ordres deviennent actifs. Cela provoque une certaine pression à l'achat lorsque le marché atteint le haut de la semaine précédente. Toutefois, l'inverse peut également se produire. Si le marché atteint le bas de la semaine précédente, les ordres de vente supplémentaires créent une pression à la vente. Un scalpeur peut profiter de cet effet. Et c'est là que réside la deuxième stratégie.

Avec la stratégie de l'étirement des sommets et creux hebdomadaires, le trader n'entre sur le marché que lorsqu'il atteint le niveau de la semaine précédente (haut ou bas). Il suppose qu'il y a une plus grande probabilité que le marché exagère un peu, au moins à court terme, avant un éventuel retournement. Nous voulons utiliser cet effet pour parier sur 15 pips. Nous parions donc sur une exagération à court terme de 15 pips au premier contact. Encore une fois, nous protégeons notre position avec un stop-loss de 15 pips. Nous travaillons donc à nouveau avec un ratio risque/rendement de 1:1, ce qui signifie que notre taux de réussite doit être supérieur à 50 % pour que le trade soit rentable.

La prémisse de cette stratégie - contrairement aux stratégies des nombres ronds et des pivots - est donc l'observation qu'une fois que le marché a atteint les hauts ou les bas de la semaine précédente, il va courir un peu plus loin avant de tourner. Si le trade ne réussit pas la première fois et que le marché tente une seconde fois de dépasser ce niveau, la probabilité que le seconde trade va réussir n'est pas aussi élevée. C'est pourquoi j'insiste sur l'importance de la première touche.

Figure 4 : USDCAD, graphique de 15 minutes, 17 octobre 2019

La figure 4 illustre la stratégie dans le graphique de 15 minutes de l'USDCAD. La ligne horizontale du milieu représente le bas de la semaine précédente à 1,3170. Le 17 octobre, l'USDCAD s'est échangé au-dessus du bas de la semaine précédente. Cependant, la paire a ensuite chuté tout au long de la matinée européenne, atteignant le bas de la semaine précédente à 11 h 15. À ce moment, l'ordre de vente à découvert en attente est devenu actif (flèche supérieure gauche). Dans le même temps, l'ordre stop loss (ligne horizontale supérieure) et l'ordre take profit (ligne horizontale inférieure) ont été activés. À 15 h 15, le prix a atteint l'objectif de 15 pips (flèche inférieure droite).

Comme vous pouvez le voir, la paire USDJPY a pris un certain temps et a également augmenté un peu après avoir atteint le bas de la semaine précédente. Cependant, le marché n'a pas atteint l'ordre stop-loss. Par conséquent, la transaction a atteint l'objectif de prix à 1,3155.

Comme nous l'avons déjà mentionné, la nature de cette stratégie est que le trader ne recevra des signaux que de temps en temps. Le marché n'atteint pas le haut ou le bas précédent chaque semaine. S'il n'atteint ni le bas ni le haut, on parle de «semaines intérieures». Dans ce cas, rien ne se passe avec notre stratégie, et le vendredi, le trader doit retirer du marché les ordres de bracket qu'il a placés au haut et au bas de la semaine précédente.

Bien sûr, j'ai essayé le «contraire» de cette stratégie, à savoir prendre la position opposée dès que le marché atteint le haut ou le bas de la semaine précédente. Dans ce cas, le trader prend une position à court au haut de la semaine précédente et une position long au bas de la semaine précédente. Les résultats ont été décevants pour toutes les paires de devises. Je n'ai pas obtenu un seul résultat positif pour aucune des devises, sur une période de plusieurs mois. En revanche, la stratégie «Étirement des sommets et creux hebdomadaires» a produit plus de gains que de pertes. Cela ne signifie pas pour autant que ce sera toujours le cas. Il peut arriver que le premier scénario soit plus performant que la «stratégie d'étirement» présentée ici.

Je ne saurais trop insister sur le fait qu'un trader doit toujours regarder les marchés avec un esprit ouvert. Même s'il avait du succès avec certaines stratégies sur une longue période, le jour peut arriver où ce n'est soudainement plus le cas. À ce moment-là, il peut être très utile de tenter le contraire de ce que vous avez toujours fait. Les résultats que je présente ici en USDJPY et USDCAD doivent donc être considérés comme un instantané. Ce n'est en aucun cas une garantie qu'ils seront aussi bons à l'avenir.

Figure 5 : USDJPY, graphique journalier, 15 juin au 29 octobre 2019

Sur une période d'environ quatre mois, le trader a reçu dix-sept signaux dans la paire de devises USDJPY. Onze d'entre eux étaient des transactions à profit et seulement six étaient des transactions à perte. Bien entendu, il s'agit d'un excellent résultat, qui ne doit pas toujours être considéré comme acquis. Comme vous pouvez le voir, avec cette stratégie, vous obtenez en moyenne un signal par semaine. Ce n'est pas beaucoup, et c'est pourquoi elle devrait être combinée avec d'autres stratégies, comme la stratégie de la chasse aux sommets et creux hebdomadaires.

Figure 6 : USDCAD, graphique journalier, 23 juin au 29 octobre 2019

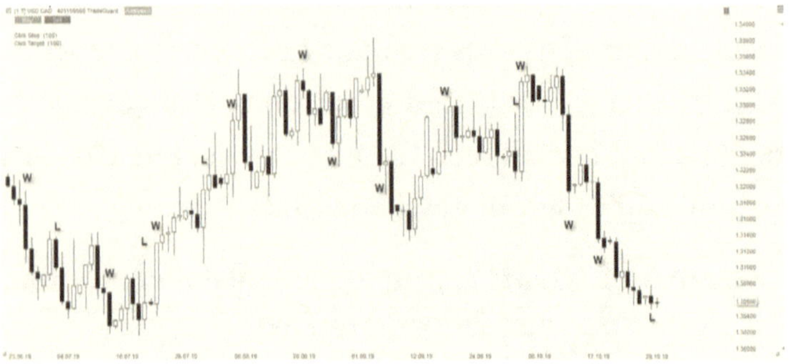

Enfin, examinons les résultats de la stratégie dans la paire de devises USDCAD. J'ai délibérément choisi la même période que celle utilisée dans l'exemple pour l'USDJPY. Les résultats sur l'USDCAD ont également été excellents. Ici, j'ai reçu seize signaux, dont onze étaient des transactions à profit (W) et seulement cinq étaient des transactions à perte (L).

Si vous additionnez les résultats des deux paires de devises, vous obtenez les résultats suivants :

Trades rentables : 22 x 15 pips	=	330 pips
Trades à perte : 11 x 15 pips	=	-165 pips
Total :		**165 pips**

Bien sûr, un résultat global de 165 pips est très bon. Même si ce bénéfice a été réalisé sur une période de quatre mois.

On pourrait maintenant avoir l'idée qu'un risque cumulé pourrait survenir si l'on traitait la même stratégie sur un certain nombre de paires de devises fortement corrélées. Je suis bien conscient de cela. Toutefois, je n'ai pas été en mesure d'identifier ce type de risque. Les hauts et les bas hebdomadaires de différentes paires de devises ont été atteints à des jours différents, de sorte que les signaux ne se sont pas produits le même jour dans toutes les paires négociées. Bien sûr, il ne faut pas négocier trop de paires avec cette seule stratégie. Dans ce cas, un risque cumulé se produirait en effet, si le trader devait négocier trop de paires similaires ou fortement corrélées.

Questions pratiques

Enfin, je voudrais aborder certaines questions qui se posent lorsque le trader applique les deux stratégies dans la réalité.

En général, vous ne devez pas placer un trade si le marché le dimanche soir (ou le lundi matin) se situe au même niveau que le haut ou le bas de la semaine précédente. Il n'est pas logique de négocier la stratégie d'étirement ou la stratégie de chasse si le marché n'est qu'à dix ou même vingt pips en dessous ou au-dessus de ces niveaux. Il est préférable d'attendre que le marché soit à au moins quarante ou cinquante pips, puis de passer vos ordres pour la semaine.

Peu importe que vous tradiez le «haut» par «en dessous» ou par «au-dessus». Qu'est-ce que je veux dire par là? Il est assez courant qu'une paire ouvre au-dessus du haut de la semaine précédente en début de semaine. Cela peut par exemple se produire lors de fortes tendances. Vous ne devez pas renoncer à cette stratégie simplement parce que le marché a déjà ouvert au-dessus du haut. Vous pouvez certainement négocier ce haut à partir du côté court. Il en va de même si le marché s'ouvre en dessous du bas de la semaine précédente. Dans ce cas, vous pouvez certainement essayer une position longue avec un objectif de prix le bas de la semaine précédente. Vous pouvez également utiliser la stratégie d'étirement pour parier sur l'exagération.

Toutefois, ces cas sont plutôt rares, et de temps en temps, il y a des «semaines intérieures», au cours desquelles le marché n'atteint ni le haut ni le bas.

Si vous négociez les deux stratégies sur le même nombre de paires de devises en même temps, il est conseillé d'utiliser deux comptes de courtage différents. Ceci afin d'éviter toute confusion. Cette méthode vous rend également moins dépendant d'un seul courtier. Les traders professionnels ont généralement plusieurs comptes auprès de différents courtiers. Je pense que c'est une mesure qui devrait être mise en œuvre pour des raisons de gestion des risques uniquement. Répartissez votre capital de négociation sur deux ou trois comptes de courtier, plutôt que de tout avoir sur un seul compte.

Imaginez que vous ayez tout votre argent sur un seul compte de courtier, et que soudain le courtier se retrouve en difficulté financière. Vous pensez peut-être que c'est très peu probable, mais l'expérience a montré que, surtout lors d'événements extrêmes comme le choc du franc suisse de 2015, les courtiers mal capitalisés peuvent facilement faire faillite. Protégez votre capital de négociation contre un tel événement. En règle générale, le trader récupérera son argent, s'il dispose d'un compte séparé (ce que je recommande vivement). Un compte séparé est un compte qui est tenu séparément des actifs du courtier, au nom (et en propriété) du trader. Néanmoins, ce peut très bien s'étendre à deux ans ou plus. Veillez donc à ne jamais vous retrouver dans une telle situation et à ne pas pouvoir négocier pendant deux ans, car votre argent est « bloqué » en raison de circonstances exceptionnelles. Les procédures de faillite peuvent parfois s'éterniser pendant des années.

En répartissant votre capital sur plusieurs comptes, vous rendez votre entreprise moins vulnérable aux risques externes.

Toutefois, la mesure la plus importante, qui rendra certainement votre activité de négociation robuste, est de <u>cesser de trader une seule stratégie</u>. En présentant six stratégies différentes dans cette série sur le trading du Forex, je ne suggère pas que vous les négociiez séparément, mais plutôt que vous les combiniez. La raison pour laquelle vous devriez le faire sera abordée dans la quatrième et dernière partie de cette série.

PARTIE 4 : TRADEZ PLUSIEURS STRATÉGIES SIMULTANÉMENT

1. Pourquoi vous devriez trader plusieurs stratégies à la fois!

Les traders spécialisés dans le trading de devises ont tendance à n'utiliser qu'une seule stratégie à la fois. Je le sais trop bien, j'ai été un jour un tel trader (à cette époque, le trading de devises était une activité nouvelle et très prisée des investisseurs privés). Et avec cela, j'ai déjà fait la première erreur, que dans mon ignorance j'ai malheureusement répétée encore et encore. Car si vous n'avez qu'une seule stratégie, vous êtes inévitablement constamment à la recherche de celle qui vous rendra riche.

Jetez un coup d'œil sur les forums des traders sur Internet. Ils sont remplis de fils de discussion de traders qui présentent *leur* stratégie, avec les meilleures intentions bien sûr. À chaque nouvelle stratégie qui y apparaît, la communauté du Forex se met en frénésie et tout le monde saute dans ce nouveau train. Tout le monde doit essayer la nouvelle chose immédiatement. Parce que c'est peut-être là que se trouve l'or que tout le monde cherche à enterrer?

Je n'ai pas besoin de dire au lecteur ce qui va suivre. À peine le membre du forum a-t-il essayé la nouvelle stratégie que les premières transactions perdantes commencent à apparaître après quelques trades gagnants. Peut-être que la nouvelle chose n'est pas aussi prometteuse qu'elle en avait l'air à première vue? Bientôt, le membre du forum doit se rendre compte que la nouvelle stratégie génère malheureusement autant de pertes que la précédente.

Le train continue donc de rouler et le lendemain, le membre du forum va essayer la stratégie du membre X, qu'il a négligée jusqu'à présent. Je pense que le lecteur sait déjà maintenant comment l'histoire se termine. Le malheureux membre du forum va maintenant « tester » la stratégie du membre du forum X et après quelques semaines, il se rendra compte que l'or n'est pas enterré ici non plus.

Cela nous amène à une conclusion à peine surprenante : toutes les stratégies Forex font des pertes. Toutes! Certaines un peu plus, d'autres un peu moins. Et cela nous amène à la deuxième conclusion : toutes (ou presque toutes) les stratégies Forex sont rentables.

Pardon? Toutes les stratégies Forex sont rentables? Oui, la plupart, ou du moins un grand nombre de ces stratégies (si elles sont basées sur des principes de trading éprouvés) sont rentables à long terme. Du moins si elles obéissent à des lois mathématiques simples. Dans le langage des traders : si elles fonctionnent avec des ratios risque/rendement de 1:2 ou 1:3. Et même s'ils travaillent avec des ratios risque/rendement de seulement 1:1, mais avec des taux de réussite supérieurs à 50 %. Tous ces systèmes sont rentables à long terme.

Attention : à long terme. Et c'est là, bien sûr, que se situe le problème de notre membre enthousiaste du forum. S'il commence à tester le système X dans une période où il est actuellement en série de pertes maximales (drawdown), il le rejettera après quelques semaines (ou quelques jours). Le système du membre du forum X ne produit que des pertes, il écrira dans le fil de discussion du forum. Examinons la courbe de capital de cette stratégie Forex (figure 1).

Figure 1 : Courbe de capital du membre du forum X

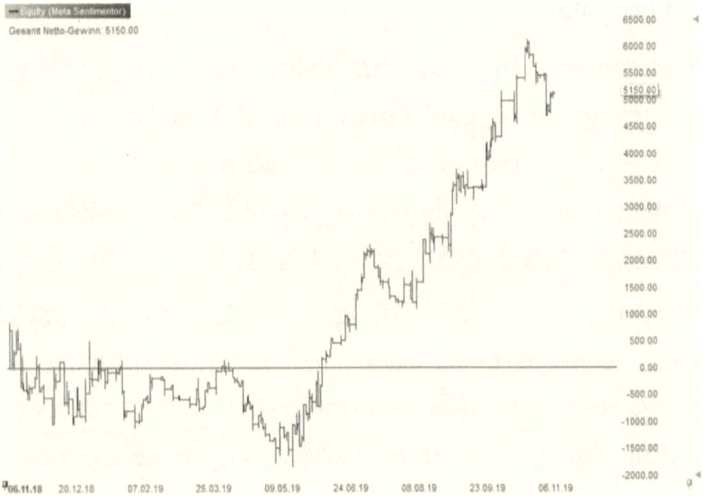

Cette stratégie est-elle rentable? Elle l'est certainement! Avec les résultats de cette simple stratégie, vous pouvez faire fortune (si vous le souhaitez). Mais avez-vous également examiné série de pertes maximales (drawdown) de novembre 2018 à mai 2019 (à gauche dans le graphique) ? Cela a duré sept mois ! Pensez-y : sept mois pendant lesquels le système n'a généré aucun profit !

Maintenant, dites-le vous-même : en tant qu'être humain, pouvez-vous supporter que le système que vous négociez ne génère aucun profit pendant plus de sept mois ? Probablement pas, n'est-ce pas ? Je ne le supporte en aucun cas.

Pourquoi pas ? Parce que je suis humain. Malheureusement, notre psyché est telle que nous sommes toujours à la recherche d'une gratification instantanée. Cela signifie que lorsque nous voulons quelque chose (n'importe quoi), nous voulons l'obtenir immédiatement.

Je suis un buveur de café. Maintenant, imaginez que je vais dans mon café préféré et que je demande une tasse de café. La serveuse me dit d'une voix quelque peu feutrée qu'il n'y a malheureusement pas de café aujourd'hui (parce que la machine à espresso a besoin d'être réparée ou pour une raison quelconque). Je fais une grimace et, pour le meilleur ou pour le pire, je choisis de boire un thé. Le lendemain, j'y retourne. J'attends avec impatience mon café préféré, mais quand la serveuse s'approche de moi, je le soupçonne déjà. Malheureusement, la machine à espresso est encore en cours d'entretien.

Est-ce que je retournerai à ce café le lendemain? Probablement pas, n'est-ce pas? Peut-être que la machine à espresso fonctionne mieux chez les voisins. Malheureusement, cela signifie que nous, en tant qu'êtres humains, sommes tellement prédisposés que nous ne pouvons pas supporter trop de rejets. Bien que nous sachions très bien que la machine à expresso de notre café préféré fonctionnera à nouveau tôt ou tard. Il le faut, sinon le café sera bientôt débarrassé de tous ses clients. Nous le savons, et pourtant nous préférons aller au café d'à côté, car nous ne supportons tout simplement pas de devoir boire du thé trois jours de suite (en tant que buveur de café).

Cette petite histoire peut vous sembler un peu simple, mais c'est ce qui arrive à votre cerveau reptilien lorsque vous entrez sur le marché des changes et que vous faites une transaction. Le cher membre du forum se précipite de café en café (de stratégie en stratégie, pour ainsi dire) dans l'espoir de trouver enfin le café où il est servi tous les jours.

Vous connaissez déjà la fin de la chanson. Le cher membre du forum va monter sur ce carrousel jusqu'à ce que son «capital de trading» soit épuisé. Ce jour arrive tôt ou tard (généralement plus tôt). Et puis, bien sûr, vous pouvez prévoir la suite : le Forex ne fonctionne pas.

C'est vrai. Le trading Forex est presque imprévisible à court terme. Il est impossible de dire que si vous tradez le système X ou le système Y à partir d'aujourd'hui, vous aurez du succès immédiatement. Du point de vue de quelques semaines (et encore moins de quelques jours), c'est presque impossible à dire. Et malheureusement, notre cerveau reptilien n'est capable d'évaluer quelque chose que sur la base de périodes aussi courtes. Nous ne pouvons tout simplement pas utiliser notre cerveau humain pour évaluer un système de trading qui produit des résultats assez robustes à long terme (voir figure 1).

Et ce seul fait est la raison la plus importante pour laquelle vous ne devez pas vous reposer sur une stratégie unique si vous envisagez de créer une entreprise de trading basée sur des stratégies de devises. Cela vous rend incroyablement vulnérable. Malheureusement, il arrive trop souvent qu'un trader abandonne une stratégie rentable simplement parce qu'elle produit des pertes pendant quelques semaines. Si vous n'utilisez qu'une seule stratégie, vous serez exposé à tant de pièges et d'embûches que vous ne cesserez de vous tromper.

Il y a bien sûr plusieurs raisons pour lesquelles les traders n'utilisent qu'une seule stratégie. La principale raison est probablement qu'ils pensent qu'elle est supérieure aux autres méthodes de trading. Lorsque les traders se lancent dans le trading de devises, ils utilisent généralement la méthode qu'ils ont rencontrée en premier lieu (c'est-à-dire par hasard). Ils utilisent cette méthode parce qu'ils comprennent encore très peu de choses sur le trading. Et bien sûr, parce qu'ils savent à peine qu'il existe d'autres méthodes ou systèmes rentables.

Si ce système produit ses premières pertes, ils perdent progressivement confiance dans le fait que leur système leur donnera le résultat souhaité. Et inévitablement, ils regarderont à nouveau autour du forum de Forex et essaieront le système du membre du forum Y ou Z. Une fois qu'ils ont « testé » la méthode Y ou Z, ils croient immédiatement qu'elle doit être meilleure que leur propre méthode. Ils ont cette opinion parce qu'ils viennent de commencer à négocier cette nouvelle méthode. Ils espèrent toujours qu'elle leur donnera les résultats souhaités.

De nombreux traders de Forex, par exemple, sont passés à la négociation de stratégies « price action » ces dernières années. Vous pourriez voir cette tendance se dessiner il y a quelques années. Un trader l'a lancée, d'autres l'ont suivie et, tout à coup, tous les forums de traders étaient remplis de « price action ».

Ne vous méprenez pas. Je ne critique pas cette méthode. Il s'agit d'une méthode de trading solide, basée sur des principes simples et clairs. Mais il n'y a aucune raison de penser que la stratégie « price action » est meilleure que toute autre méthode, par exemple, celle qui est simplement basée sur le croisement de deux indicateurs ou sur la poursuite des tendances en bourse. Toutes ces méthodes sont basées sur une observation spécifique du comportement du marché. Et aucune d'entre elles n'est fausse. Mais elles ne sont pas non plus « meilleures ».

La raison pour laquelle un trader passe d'une méthode à une autre est souvent simple, par exemple parce qu'une méthode lui semble plus « évidente » que l'autre. À mon avis, c'est la raison du succès de la méthode de « price action ». Elle a du sens pour de nombreux traders car elle est facile à comprendre. Mais cela ne signifie pas qu'elle est plus rentable que toute autre méthode.

Chaque stratégie a donc ses propres prémisses sur le fonctionnement du marché. Pour un trader « price action », toutes les informations se trouvent dans le graphique lui-même. Cela signifie qu'il n'utilise pas d'instruments d'analyse technique tels que des indicateurs ou des oscillateurs. Et pour un trader qui négocie le soutien et la résistance, c'est précisément le constat qu'aux niveaux de résistance, il y a tout simplement plus de vendeurs qu'ailleurs.

Une autre raison importante pour laquelle les traders ne s'engagent que sur une seule stratégie est qu'une stratégie unique permet de mieux comprendre le marché. C'est dans la nature de notre cerveau que nous essayons de simplifier les choses lorsque nous sommes confrontés à la complexité. Nous voulons comprendre ce qui se passe sur les marchés financiers. Mais nous essayons de le faire en utilisant des modèles simplifiés et en négligeant délibérément d'autres modèles.

Aujourd'hui, les marchés financiers sont les systèmes les plus complexes que l'on puisse imaginer. Et le besoin naturel de comprendre ceux qui utilisent des modèles simplifiés n'est que trop compréhensible. La conséquence est que vous obtenez une image déformée de la réalité. Votre méthode, le système que vous négociez, vous fait croire que le marché fera ceci ou cela et vous essayez d'expliquer son comportement avec votre système. Cela conduit inévitablement à une image inadéquate de la réalité.

La plupart des traders que je connais considèrent leurs stratégies comme des systèmes indépendants, dont les rendements sont utilisés pour atteindre leurs objectifs financiers. Si c'est le cas, chaque stratégie doit être considérée comme un pari à long terme sur un résultat attendu. En ce sens, toute stratégie doit être considérée comme un titre dans lequel vous investissez une certaine somme d'argent. Lorsque vous achetez une action, vous espérez un certain rendement à long terme, soit en spéculant sur la performance de cette action, soit en achetant le revenu de cet investissement qui vous rapporte un dividende annuel.

De la même manière, vous devez envisager une certaine stratégie. Vous devez la considérer comme un titre d'investissement dans votre portefeuille, tout comme une action ou un fonds.

Si vous pouvez accepter cette idée, alors investir dans une certaine stratégie ou dans un autre actif est fondamentalement la même chose pour vous. L'étape suivante consiste à constituer un portefeuille d'investissement.

Désormais, ce n'est plus un seul investissement (qu'il s'agisse d'une seule stratégie ou d'un seul titre) qui est l'instrument permettant d'atteindre vos objectifs financiers. Vous souhaitez désormais avoir un portefeuille équilibré avec différents actifs.

Tout comme personne ne songerait à constituer un portefeuille d'investissement avec une seule action, vous ne devez pas constituer un portefeuille avec *une seule* stratégie.

2. Moins de volatilité dans la courbe de capital

Nous pouvons désormais nous appuyer sur deux domaines qui ont fait l'objet de recherches scientifiques intensives et ont été testés dans la pratique pendant des décennies : l'optimisation et la diversification des portefeuilles. En appliquant ces principes fondamentaux, qui sont intégrés dans la création d'un portefeuille d'actifs communs, nous pouvons créer un portefeuille de systèmes de stratégies multiples. Les mêmes avantages que vous obtenez d'un portefeuille d'actifs communs, tels qu'une volatilité moindre de la courbe de capital et un rendement ajusté au risque, peuvent être appliqués à votre portefeuille de stratégies de négociation.

Vous devez également réfléchir à l'idée d'un portefeuille jusqu'au bout. Tout comme le gestionnaire d'un grand fonds d'investissement ne penserait pas à investir tout l'argent de ses clients dans une seule action, il ne penserait pas à le faire lorsqu'il investit dans des stratégies de trading (ce qui arrive parfois). Il ne mettrait jamais tous ses œufs dans le même panier en négociant une seule stratégie. Il diversifiera ses placements.

En ce sens, il ne peut pas acheter suffisamment d'actifs différents. S'il ne parie que sur des actions, il ne peut pas en posséder assez. Bien entendu, une telle approche comporte certains risques. En fin de compte, il veut construire un «portefeuille équilibré», un portefeuille dans lequel les opportunités et les risques sont raisonnablement proportionnés les uns aux autres.

Je suis donc convaincu que l'utilisation de plusieurs stratégies est plus rentable à long terme que la négociation d'une seule stratégie. La raison en est simple. Si vous négociez plusieurs stratégies en même temps, les probabilités des différentes stratégies sont réparties dans le temps. Chaque stratégie que vous négociez a son propre ensemble de transactions de profits et de pertes, comme l'ont montré les exemples de ce livre (parties 1 à 3). En tant que trader, vous ne savez tout simplement pas quand ces séries se produiront et dans laquelle de vos stratégies. La seule chose que vous savez, c'est que vous aurez ces séries de pertes et profits.

En répartissant les profits et les pertes sur plusieurs stratégies, vous créez une certaine indifférence à l'égard d'une série de pertes (meilleure objectivité). Il est bien sûr plus facile d'obtenir ce résultat avec un portefeuille composé de plusieurs stratégies que si vous négociez une seule stratégie.

La sélection de vos stratégies doit garantir que les probabilités de profit ou de perte des différentes stratégies ne sont pas mélangées. Un trade effectué sur la base de pivots est très différent d'un trade effectué sur la base d'un nombre rond ou du haut de la semaine précédente, par exemple. Bien qu'il y ait une probabilité que toutes les stratégies subissent des pertes en même temps, cela est plutôt improbable.

Si l'une de vos stratégies forme soudainement une série de pertes, une autre pourrait soudainement commencer à gagner. L'effet de différenciation fait alors en sorte qu'une série gagnante d'une certaine stratégie compense ou annule la série perdante d'une autre stratégie.

En d'autres termes, en tant que trader, vous ne vous concentrez plus sur l'exécution d'une seule stratégie (avec tous les inconvénients psychologiques). Désormais, vous êtes le gestionnaire d'un portefeuille de stratégies différentes, qui, espérons-le, sont aussi peu corrélées que possible. Vous appliquerez les mêmes principes que pour la gestion d'un portefeuille d'actifs traditionnels. Le but de cette approche est de rendre votre courbe de capital plus lisse et de limiter vos séries de pertes maximales. Je voudrais illustrer mon propos par quelques exemples.

Imaginez que vous négociez un portefeuille composé de quatre stratégies de trading Forex, qui donnent toutes des résultats différents.

Figure 2 : Stratégie 1, courbe de capital novembre 2018 - novembre 2019

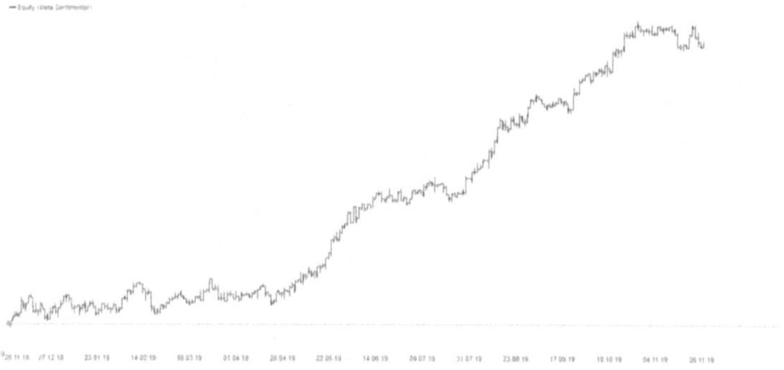

Votre première stratégie est bien rentable, comme le montre la courbe de capital d'une année entière de trading (novembre 2018 - novembre 2019). Cependant, les gains ne sont pas répartis de manière égale. Il y a eu quelques gains au cours du premier semestre 2019, mais il a fallu attendre la fin du mois d'avril 2019 pour que la courbe de capital commence à se redresser sensiblement. Un trader qui aurait exclusivement négocié cette stratégie aurait probablement choisi de l'arrêter après quelques mois.

Figure 3 : Stratégie 2, courbe de capital novembre 2018 - novembre 2019

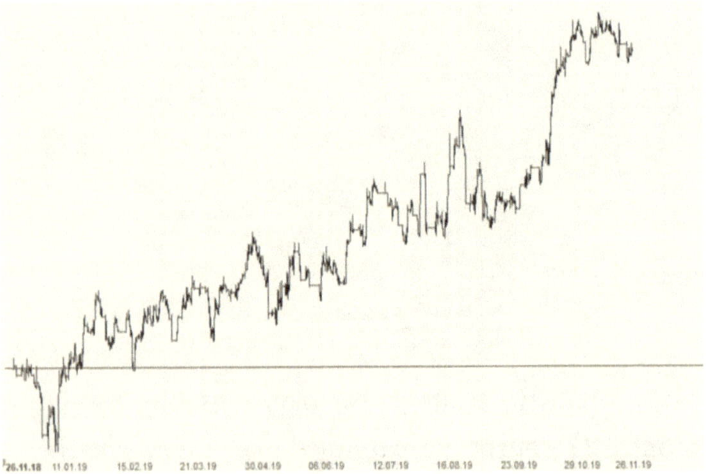

Les résultats de la deuxième stratégie semblent à première vue plus faciles d'accepter pour la psyché du trader. Cependant, le système a commencé par une série de pertes (côté gauche du graphique). Il est resté dans le rouge pendant plus d'un mois, jusqu'à ce qu'il commence à produire des gains. Comme vous pouvez le voir, il a fallu presque jusqu'à l'été 2019 pour que la tendance à la hausse de la courbe de capital devienne visible. Là encore, certains auraient abandonné la stratégie après des « résultats décevants » au départ.

Figure 4 : Stratégie 3, courbe de capital novembre 2018 - novembre 2019

La troisième stratégie a certainement été plus agréable au début pour le trader, car la courbe de capital est montée en flèche au cours des premières semaines. Mais elle a ensuite erré latéralement pendant des mois (de février à mai 2019) jusqu'à ce qu'à un moment donné, la courbe atteignait un nouveau « sommet ». Il n'y a pas eu de série de pertes au vrai sens du terme, mais de février à mai, le système ne gagnait pas d'argent. Là encore, la patience n'a porté ses fruits que progressivement.

Figure 5 : Stratégie 4, courbe de capital novembre 2018 - novembre 2019

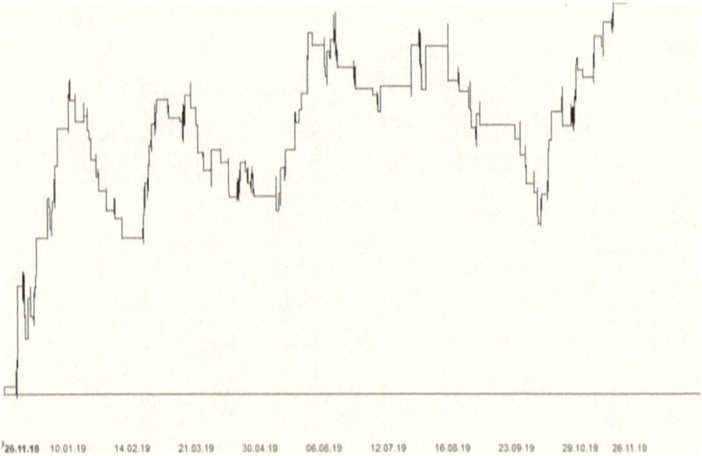

La quatrième stratégie a produit beaucoup moins de trades que les trois premières, ce qui explique que la courbe de capital ait été assez volatile. Le système a produit des séries de pertes répétées de 40 % et plus au cours de l'année ! En septembre, le système a même restitué une grande partie des gains annuels. Les gains réels ne sont apparus qu'au dernier trimestre. En tant que trader, vous devez être capable de faire face à cela. Une telle courbe de capital n'est pas du tout inhabituelle.

Figure 6 : Courbe de capital des 4 stratégies ensemble

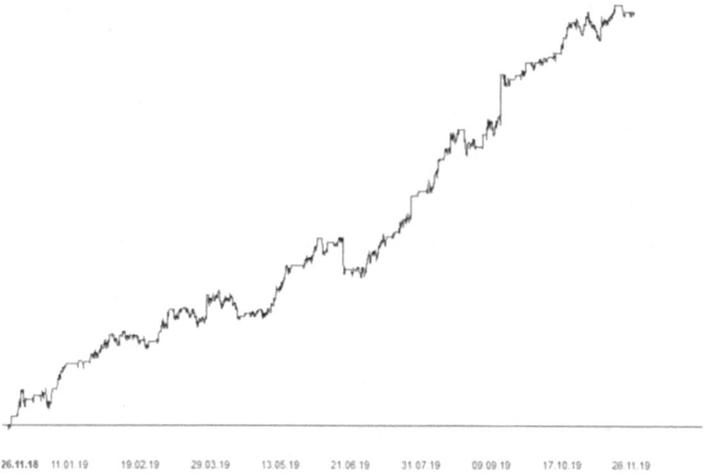

Si vous aviez négocié les quatre stratégies en même temps, vous auriez eu une courbe de capital comme le montre la figure 6. Comme vous pouvez le voir, il y a eu des hauts et des bas, mais il n'y avait pas de problème réel à y faire face. De plus, le portefeuille était rentable dès le départ et la courbe de capital était beaucoup plus lisse que si vous n'aviez négocié qu'une seule des quatre stratégies, grâce à la diversification en quatre stratégies. En tant que trader, je peux très bien vivre avec une telle courbe de capital.

Je trouve que c'est beaucoup plus difficile si je ne dois compter que sur une seule des quatre stratégies. Les quatre exemples ne sont ni inhabituels ni farfelus. Et les séries de pertes qui s'éternisent pendant des mois se produisent dans de nombreuses stratégies de trading.

Si, en tant que trader, vous ne pouvez pas y faire face, je vous recommande ce type de diversification.

Vous n'effectuez alors plus d'opérations sur une stratégie particulière. Vous commencez à gérer un petit portefeuille de différentes stratégies qui produisent des profits et des pertes à différents moments. Bien entendu, il est important que l'expectation à long terme de chaque stratégie soit positive. C'est pourquoi, avant de constituer un tel portefeuille, vous devez examiner chaque stratégie de près. Si vous avez l'occasion de la tester, vous devriez le faire. Car vous aurez alors au moins des statistiques sur ce système qui vous diront s'il a une expectation positive à long terme ou non.

3. Combien de stratégies devez-vous négocier simultanément ?

Ma réponse est pragmatique : pas trop, mais pas trop peu non plus. Deux stratégies ne sont clairement pas suffisantes, car avec deux stratégies, vous n'obtiendrez pas l'effet de différenciation souhaité.

D'autre part, vous n'avez pas besoin d'échanger vingt stratégies. Si vous en gardez entre quatre et huit, vous êtes en bonne route. Vous devez également vous rappeler que vous devez de temps en temps examiner les performances des stratégies singulières. Si vous agissez de manière semi-automatique ou même totalement discrétionnaire, vous ne pouvez de toute façon trader qu'un nombre limité de stratégies en même temps. Moins, c'est parfois mieux que plus. En effet, plus vous tradez de stratégies, plus il est probable que l'une d'entre elles ne sera pas du tout rentable, même après un an.

4. Est-il possible de se diversifier avec un petit compte ?

Bien sûr que oui. Surtout dans le domaine du trading de devises, cette approche est ouverte aux traders ayant un petit compte (moins de 1000 $). Grâce aux microlots (lots de 1000 $), vous pouvez obtenir la même diversification que si vous aviez un compte plus important. En fait, je trouve que c'est un excellent moyen de se familiariser avec le trading de devises et de se constituer progressivement un compte plus important.

5. Quand devrais-je commencer à utiliser l'effet de levier ?

Une fois que les différentes stratégies ont été testées et que vous les avez mises en œuvre dans votre plateforme de trading, vous pouvez commencer à utiliser l'effet de levier. Si vous prévoyez de négocier plusieurs stratégies, je vous recommande d'adopter une approche plus prudente au début. Par « prudente », j'entends : ne risquez pas plus de 0,1 ou 0,2 % de votre capital. Si vous négociez des minilots et que vous risquez 20 pips par transaction sur une stratégie particulière, cela représente 20 $. Si vous ne risquez que 0,2 %, cela signifie que vous devez disposer d'un capital de trading de 10 000 $ pour y parvenir. Par exemple, si vous ne disposez que de 1 000 $, vous devez alors négocier des microlots (1 000 $). Dans ce cas, vous ne risquez que 2 $ par transaction.

Les choses deviennent rapidement complexes lorsque vous appliquez ce type de gestion des risques à chaque stratégie que vous négociez. Mais c'est là qu'intervient l'avantage d'un portefeuille de stratégies. Si les déviations de la courbe de capital d'une seule stratégie et les séries de pertes maximales pouvaient bien être de 20 % ou plus, alors ils ne représentent que 5 % de la courbe de capital de l'ensemble du portefeuille (par exemple, si vous négociez quatre stratégies et que vous les pondérez de manière égale). En outre, ces pertes sont compensées par les gains des autres stratégies.

Une fois que vous avez acquis de la confiance dans votre portefeuille après un certain temps et que vous constatez que votre compte total augmente régulièrement, vous pouvez commencer à envisager d'utiliser un effet de levier plus important.

Mais encore une fois : dans ce cas, ce n'est pas une stratégie unique qui décide si et quand vous devez utiliser un effet de levier plus élevé, mais l'ensemble du portefeuille et sa courbe de capital. Ce n'est que lorsque le total du compte est orienté à la hausse que vous devez utiliser l'effet de levier. C'est la raison pour laquelle il convient de dire :

Les amateurs utilisent un effet de levier sur une seule stratégie. Les professionnels utilisent un effet de levier sur un portefeuille de stratégies.

Si vous regardez à nouveau les figures 2 à 6. Sur laquelle des cinq courbes de capital voulez-vous exercer un effet de levier ?

J'espère que le lecteur comprendra ce que je veux dire ici. Si vous regardez les courbes de capital des quatre stratégies individuelles, vous verrez que vous ne voulez pas utiliser trop d'effet de levier dans aucune de ces stratégies individuelles. Ce n'est que lorsque vous obtenez une courbe de capital plus lisse dans le portefeuille global que vous devez commencer à utiliser l'effet de levier et le répartir uniformément entre les quatre stratégies.

Vous pouvez envisager d'investir moins d'argent dans les stratégies les plus faibles et plus d'argent dans les meilleures stratégies. Mais pour être honnête, quand et comment saurez-vous laquelle de vos stratégies sera «plus faible» que les autres? En fait, vous ne le saurez qu'après coup. C'est pourquoi je serais prudent avec de telles mesures. Elles compliquent inutilement les choses.

Si l'une de vos stratégies donne de si mauvais résultats qu'elle ressemble davantage à une machine à détruire l'argent, je la retirerais simplement du marché et la remplacerais par une autre. Mais comme je l'ai dit, soyez prudent. Si l'une de vos stratégies ne rapporte pas d'argent pendant plusieurs mois, cela ne signifie pas qu'elle est «mauvaise», comme le montrent les exemples ci-dessus.

6. Le trading Forex est une entreprise

Tout ce que j'ai essayé à dire dans cette quatrième partie de la série, c'est finalement de considérer le trading comme une entreprise.

Je suis désolé si je le dis de manière radicale : si votre «activité» consiste à faire des allers-retours en EURUSD chaque jour sur la base de certains indicateurs, alors vous n'avez pas d'entreprise de trading. Du moins, ce n'est pas ce que j'entends par «entreprise». Car si un jour vous cessez d'être long et court en EURUSD, alors soudainement vous n'avez plus «d'entreprise». C'est aussi simple que cela.

Commencez enfin à faire du trading sur le Forex, comme si vous la traiteriez comme une véritable entreprise. Une entreprise avec des revenus et des dépenses (appelés pertes), avec des marges bénéficiaires et avec un bilan annuel. Enfin, faites tout cela de manière professionnelle et arrêtez de crier sur le marché comme un simple colporteur.

Cela signifie ni plus ni moins que vous devez travailler moins *dans* votre entreprise et plus *sur* votre entreprise.

Je sais que le trading est une chose passionnante, surtout

si vous venez de commencer. Mais pour quelqu'un comme moi, qui travaille dans ce domaine depuis plus de 19 ans, au final, une seule chose compte : que m'a apporté mon entreprise au cours de cette année fiscale ? Et comment puis-je le faire encore plus efficacement l'année prochaine ?

Avec ce livre, j'aimerais vous inviter à réfléchir à la question de savoir s'il ne serait pas plus efficace de considérer votre activité de trading comme le gestionnaire d'un fonds qui gère différents « actifs » en fonction des risques.

Et si vous aviez l'intention de gérer l'argent de clients... Comment pouvez-vous vous présenter plus professionnel ? En négociant quotidiennement l'EURUSD sur la base de deux indicateurs ? Je ne pense pas...

Glossaire

AUD/USD : Taux de change entre le dollar australien et le dollar américain

BCE : Banque centrale européenne dont le siège est à Francfort-sur-le-Main

Break even : Terme anglais qui désigne le seuil de rentabilité

Compte séparé : Compte séparé des actifs du courtier au nom (et en propriété) du négociant

Courtier : prestataire de services financiers chargé d'exécuter les ordres des investisseurs sur les titres

Contre-tendance : Contre-mouvement au sein de la tendance principale

Courbe de capital : Représentation graphique de l'évolution de la valeur d'un compte de trading sur un laps de temps

Day trading : Le day trading décrit le trading spéculatif à court terme de titres. Les positions sont ouvertes et fermées au cours d'une même journée de négociation, dans le but de tirer profit des fluctuations de prix, même minimes

Drawdown : Série de pertes maximales

Effet de levier : L'utilisation de capitaux empruntés peut augmenter le rendement de l'utilisation de capitaux propres

L'espérance d'un système de trading : Calcul qui montre quel est le profit typique pour chaque trade placé. S'il est négatif, la stratégie n'est pas rentable. S'il est positif, la stratégie est rentable.

Être long : Avoir acheté et donc détenir des titres

EUR/CHF : Taux de change entre l'euro et le franc suisse

EUR/JPY : Taux de change entre l'euro et le yen japonais

Forex : Forex Exchange Market, marché international des devises

Francogeddon : Le 15 janvier 2015, la Banque nationale suisse a supprimé le taux de change minimum de l'euro de 1,20 sans avertissement. Le franc suisse s'est apprécié de près de 20 % d'un seul coup

Gestion des risques : Comprend toutes les mesures visant à identifier, analyser, évaluer, surveiller, gérer et contrôler les risques

GBP/USD : Taux de change entre la livre sterling et le dollar américain

Hypothèse de l'efficacité du marché : Selon cette théorie, les marchés financiers sont efficients dans la mesure où les informations existantes sont déjà valorisées, et donc qu'aucun participant au marché n'est en mesure de réaliser des bénéfices en permanence supérieurs à la moyenne par le biais de l'analyse technique, de l'analyse fondamentale, des délits d'initiés ou autres

Lot : Unité de négociation sur les marchés des changes (Forex) et les marchés à terme. Sur le Forex, un lot dans les contrats normaux représente 100 000 unités de la devise de base (front), donc dans la paire de devises EURUSD, 1 lot représente 100 000 euros.

Marge : Dépôt de garantie qu'un investisseur doit déposer pour acheter un contrat à terme

Microlot : l'équivalent d'un contrat portant sur 1 000 unités de la devise de base d'une paire de devises

Minilot : l'équivalent d'un contrat portant sur 10 000 unités de la devise de base dans une paire de devises

Momentum : informe le trader sur la vitesse et la force d'un mouvement de prix

NZD/USD : Taux de change entre le dollar américain et le dollar néo-zélandais

Ordre de limitation : Ordre à prix fixe et/ou à délai d'exécution

Ordre entre parenthèses : Les ordres entre parenthèses permettent de limiter les pertes et de garantir un profit en «mettant entre parenthèses» un ordre avec deux ordres opposés. Un ordre d'achat est mis entre crochets par un ordre de vente à cours limité et un ordre de vente stop. Un ordre de vente est encadré par un ordre d'achat stop et un ordre d'achat limite.

Ordre OCO (l'un annule l'autre) : Une combinaison de stop loss et de limite de vente ; une fois que la limite fixée ou le prix stop est atteint, l'ordre est exécuté et l'autre ordre est annulé

Parité : décrit le point auquel deux monnaies ont la même valeur. Le taux de change entre les deux monnaies est alors exactement de 1 pour 1

Pennystocks : actions cotées à moins d'un dollar

Pip : Pourcentage en point, la plus petite variation de prix dans le trading des devises.

Pivots : Lignes de soutien et de résistance pour les transactions intrajournalières, résultant de l'évolution des prix de la veille

Portefeuille : Total de toutes les positions actives d'un investisseur

Price Action : Forme d'analyse technique des graphiques qui n'utilise pas d'indicateurs

Objectif de prix : Le prix du marché qu'un titre doit atteindre sur la base d'une analyse

Range : phase latérale d'un marché

Rapport risque-récompense (RRR) : Le RRR sert d'indicateur de l'utilité d'un investissement. Il est calculé en divisant le rendement attendu par la perte maximale possible (stop loss)

Résistance : Niveau de prix auquel un plus grand nombre de vendeurs apparaissent

Risque de cluster : Un risque de cluster apparaît lorsqu'un portefeuille d'investissement contient une surpondération de certains titres, secteurs, pays, devises ou classes d'actifs. Corrélation : le comportement de certaines paires de devises les unes par rapport aux autres. Elles peuvent évoluer dans le même sens ou dans des directions différentes en même temps

Scalping : Technique de négociation dans laquelle le négociant essaie de négocier des mouvements minimaux sur le marché

Set and Forget Strategy : Méthode permettant de fixer d'emblée des objectifs stop-loss et profit. Il appartient ensuite au marché de décider si l'opération doit être rentable ou non

Soutien : Niveau de prix auquel les acheteurs sont de plus en plus actifs

Stop Buy Order : Ordre d'achat ou de vente de titres, qui n'est exécuté que lorsque le prix atteint un certain niveau

Stop Loss Order : Ordre de vente qui est exécuté au mieux lorsqu'un certain prix est atteint

Stratégies de range : Stratégies spécifiquement conçues pour les marchés latéraux

Take Profit Order : Un ordre de prise de profit est utilisé lorsque le marché atteint le prix de profit souhaité

Taux de réussite : Décrit le rapport entre les transactions gagnantes et les transactions perdantes

Tendance à suivre : Stratégie de trading qui consiste à suivre une tendance une fois qu'elle a été identifiée

Trading discrétionnaire : Dans le trading discrétionnaire, l'ordre est exécuté manuellement sur le marché, sans négociation automatisée

Trading semi-automatique : Style de négociation dans lequel certaines transactions sont exécutées manuellement et d'autres automatiquement

Timeframe : Niveau de temps d'un affichage graphique (par exemple un graphique horaire)

USD/CAD : Taux de change entre le dollar américain et le dollar canadien

USD/CHF : Taux de change entre le dollar américain et le franc suisse

USD/JPY : Taux de change entre le dollar américain et le yen japonais

Vente à découvert : Un trader est à découvert lorsqu'il vend une position sans la détenir

Volatilité : Indique l'ampleur des fluctuations d'un prix

Plus de livres par Heikin Ashi Trader

Comment trader dans un range

Négociez sur le marché le plus intéressant du monde

Les marchés financiers négocient essentiellement dans des zones sans tendance que les traders appellent des ranges, ou des marchés latéraux. Il apparaît dès lors qu'ils gagnent de l'argent lorsqu'un marché est en tendance tandis qu'il est préférable d'éviter les marchés sans tendance, dont les résultats ne sont guère inspirants.

En dépit de cette observation manifeste, la plupart des statégies de trading à court terme reposent sur ce modèle de suivi de tendance, pourtant manifestement complexe à mettre en œuvre. La plupart des traders sont plus ou moins dans l'attente d'un plus grand mouvement. L'expérience démontre cependant que la négociation de « mouvements » ou de « tendances » est loin d'être chose aisée. Soit le trader identifie la tendance trop tardivement, soit le mouvement n'offre que peu d'oppirtunités d'entrée.

Cela dit, il existe un groupe spécialisé de traders qui ne se préoccupent pas des tendances. Ils font d'ailleurs l'exact opposé. Ils négocient lorsque le marché est en range. Ce livre décrit les méthodes et les tactiques de ces traders. Il ne s'agit pas ici d'identifier un range et d'en négocier la cassure : il s'agit de négocier le range lui-même.

Table des matières

8. Questions de gestion des négociations.

   A. Devrais-je fermer ma position avant le week-end?

   B. Devrais-je utiliser des stops suiveurs lors d›un trading en range?

   C. Que faire lorsque la négociation « ne va nulle part »?

   D. Devrais-je placer le stop plus près du marché?

9. Exemples de marchés en range.

   A. Les fourchettes commerciales dans le marché des changes

   B. Analyse approfondie d›une période latérale dans le E-Mini

   C. Analyse approfondie d›une période latérale dans le FDAX

10. Stratégies avancées.

    A. Limites d›opportunité.

    B. Les faux breakouts.

11. Les canaux de tendance (le trading de canal).

12. Ce qui compte vraiment.

13. Le trading en range pour les day traders et les scalpers

Glossaire

Comment se lancer dans le trading avec 500 €

Beaucoup de nouveaux traders n'ont que très peu de capitaux disponibles dès le départ, mais ce n'est toutefois pas un obstacle à une carrière dans le trading. Cependant, ce livre ne décrit pas comment transformer un compte de 500 € en 500 000 €, car ce sont précisément ces espoirs exagérés concernant les rendements futurs qui amènent la plupart

des débutants à échouer.

Au lieu de cela, l'auteur montre, de manière réaliste, comment vous pouvez devenir un trader à temps plein en dépit d'un capital de démarrage limité. Cela s'applique à la fois aux traders souhaitant rester privés, ainsi qu'à ceux qui veulent éventuellement investir les fonds de leurs clients.

Ce livre montre étape par étape comment le faire avec un plan d'action concret pour chaque étape. N'importe qui peut en principe être trader, si il ou elle est prêt à apprendre comment cette activité fonctionne.

Sommaire

1. Comment devenir un bon trader avec 500 € en poche ?
2. Comment acquérir les bonnes habitudes en trading ?
3. Comment devenir un trader discipliné
4. Le conte de fée des intérêts composés
5. Comment investir avec un compte à 500 € ?
6. Le Trading Social
7. Parlez à votre courtier
8. Comment devenir un trader professionnel ?
9. Faire du trading pour un fond d'investissement
10. Apprenez à créer votre réseau professionnel
11. Devenez un trader professionnel en 7 étapes
12. 500 € représente beaucoup d'argent

Trader à contre-tendance

L'industrie du courtage recommande généralement aux nouveaux traders de spéculer avec la tendance. Mais est-ce vraiment rentable de faire du trading de cette façon? Il paraît qu'en suivant la tendance, la probabilité de gagner est plus grande. Malheureusement, l'expérience prouve que la plupart des traders ne peuvent pas faire des affaires florissantes ainsi.

Les vieux traders affûtés avaient l'habitude de dire: « Vous devez acheter quand le sang coule dans les rues. » Cela signifie que vous deviez agir contre la tendance. En réalité, ce dicton est l'expression-même du bon sens. La question est récurrente : pourquoi les traders ont-ils tant de mal à le mettre en pratique?

Le nouveau livre de Heikin Ashi Trader vous donnera des idées et conseils sur la manière de reconnaître de tels signaux de contre-tendance sur le marché boursier, ceux-ci constituant généralement les meilleures opportunités de trading.

Table des matières

À propos de l'auteur

Le trader Heikin Ashi est reconnu dans le monde entier comme le spécialiste du scalping avec le tableau Heikin Ashi. Il pratique ce type de trading depuis 19 ans. Il a négocié pour un fonds spéculatif et s'est ensuite lancé dans les affaires pour son propre compte en tant que trader. Son livre sur le scalping " Scalping is Fun ! "est un best-seller international et a été vendu plus de 30 000 fois. Vous pouvez trouver plus d'informations sur sa méthode de scalping sur ce site www.heikinashitrader.net

www.ingramcontent.com/pod-product-compliance
Lightning Source LLC
LaVergne TN
LVHW060258051026
849517LV00003B/848
9789925766246